누가 세계의 규칙을 바꾸는가

확고한 결의에서 시작된 힘의 시대

Absolute Resolve

누가 세계의 규칙을 바꾸는가

확고한 결의에서 시작된 힘의 시대

임승수 지음

자음과모음

차례

서문

2026년 1월 2일의 베네수엘라 마두로 대통령 납치, 2026년 2월 28일의 이란 하메네이 최고지도자 사살. 트럼프 미국 대통령이 벌이는 일에 전 세계가 들썩인다. 유가와 주가는 어지럽게 요동치고, 전쟁과 아무런 접점이 없어 보이는 대한민국 직장인의 삶마저 흔들린다. 사람들은 국제 뉴스에 촉각을 곤두세우나 뉴스를 보는 것 외에 딱히 할 수 있는 게 없음을 깨닫고서는 그저 한숨만 쏟아낸다.

국제정치에 관한 글을 읽다 보면 세계는 거대한 체스판처럼 보인다. 대륙은 흑백의 칸으로 정리되고, 국가는 킹과 퀸, 룩과 비숍의 이름으로 배치된다. 강대국은 체스판을 종횡무진 휘젓지만, 약소국은 그저 한 칸씩 전진하는 폰 신세다. 그 판을 한동안 바라보고 있노라면 이상한 감정이 스며든다. 그 체스판 위에는 개인이 설 자리가 없다는 느낌, 그 거대한 게임은 애초에 우리의 손이 닿지 않는 영역이라는 감각. 한 수가 놓일 때마다 수천만 수억의 삶이 흔들리지만, 정작 그 수천만 수억의 구성원 각각은 그 수를 막을 수도, 바꿀 수도 없다는 무력감에 빠진다. 세계는 거대한 전략의 언어로 설명되지만, 그 언어 속에서 개인이 설 곳은 없어 보인다.

정말로 우리는 그 거대한 판 앞에서 아무것도 할 수 없는 존재인가. 아니면 우리가 불가항력적 '구조'라 부르는 것 역시, 오래전 누군가의 선택이 축적된 결과일 뿐인가. 체스판은 너무나 거대하고 단단해 보이지만, 그 판 역시 인간이 만든 규칙 위에 세워졌다. 규칙이란 필요하다면 언제든 인간에 의해 다시 쓰일 수도 있다.

지금의 소동을 단지 한 통치자의 돌발적인 행동으로만 본다면, 우리는 거대한 파도 뒤에 숨은 심해의 지각변동을 읽어내지 못할 것이다. 트럼프 행정부는 지난 2025년 연말 발표한 백악관 국가안보전략 문건에서 좌파 정부가 들어서고 중국의 영향력이 커진 서반구를 다시 미국의 영향력 아래 두겠다는 이른바 '뒷마당 수복'의 결의를 공식화했다. 미국이 정한 규칙과 질서를 벗어난 정부를 경제적 외교적 군사적으로 압박하겠다는 이 선언이 바로 마두로 대통령 납치 사건으로 실현된 것이다. 결국 이 사건의 이면에는 마두로 정부를 후원하며 미국을 견제한 중국과의 갈등이 깊게 뿌리내리고 있다.

그러나 이 거대한 지정학적 체스판 위에서 우리가 절대 잊지 말아야 할 당사자가 있다. 바로 니콜라스 마두로, 그리고 그를 지키고자 했던 베네수엘라의 가난한 민중들이다. 미국의 이해관계가 덧씌워진 주류 언론의 시선으로 볼 때 마두로는 나라를 파탄 낸 독재자일지 모르나, 카라카스의 산비탈 빈민가인 바리오 사람들에게 마두로는 미 제국주의와 기득권 세력에 맞서 자신들의 마지막 자존심을 지켜주는 사회주의 지도자이다.

우고 차베스가 시작하고 마두로가 이어온 '볼리바르 혁명'은 가난한 이들에게 식탁 위의 빵뿐만 아니라 역사에서 지워졌던 자신들의 목소리를 되찾아준 과정이었다. 미국의 강력한 경제제재로 생필품이 동나고 하이퍼인플레이션이 몰아치는 극한의 고통 속에서도, 그들이 끝내 마두로 정부를 지지했던 것은 '가난한 자들의 정권'이라는 믿음 때문이다. 내가 이 책에서 차베스와 마두로, 그리고 베네수엘라 민중을 이야기의 한 축으로 다룬 이유다.

베네수엘라와 중남미를 뒤흔든 '볼리바르 혁명 운동'의 시작은 '사만 데 구에레Saman de Güere' 밑에 모여 맹세했던 (우고 차베스를 포함한) 네 명의 군인이었다. 그 맹세의 순간은 국제정치라는 체스판 규격에서 보자면 그야말로 폰 위의 바이러스만도 못할 것이다. 하지만 그 미미한 '인간의 의지'가 자라나 베네수엘라의 헌법이 새로 쓰이고 중남미 전역의 규칙이 뒤흔들리는 혁명적 상황을 만들어냈다. 우리가 당장 국가 레벨의 뭔가를 결정하거나 통제할 수는 없는 건 명백하다. 하지만 뜻이 맞는 사람 세 명을 모으는 건 충분히 가능한 일이 아닌가.

그래서 폰 위의 바이러스만도 못한 이 작가는 2000년 인티파다의 그 소년처럼, 탱크 앞에서 짱돌을 쥔 심정으로 이 책을 썼다. 세계 최강 미국이 한 국가의 대통령을 '사냥'했다고 공언하고, 서방의 거대 언론들이 베네수엘라의 비극을 오직 '사회주의의 실패'라는 편리한 프레임으로 가둘 때, 나는 책이라는 작은 돌멩이 하나를 벼려 쥐었다.

내가 던진 돌멩이는 질문이다. 우리가 '무능한 독재자'라 믿었던 마두로의 이면에, 실상은 자국 민중의 생존권을 지키기 위해 제국의 '경제적 교살'에 맞서온 처절한 투쟁이 있었다는 사실을 왜 우리는 외면해 왔는가. 왜 우리는 한 국가의 주권을 철저하게 농락하는 노골적인 폭력을 '법 집행'이라 부르며 고개를 끄덕여야 하는가.

작가로 데뷔한 지 어느덧 20년이 되었다. 2006년 나의 첫 책 역시 베네수엘라를 다룬 『차베스, 미국과 맞짱뜨다』였다. 그 시절 혁명의 열정에 가슴 뛰던 30대 청년은 이제 '지천명知天命'이 넘어 다시 같은 곳을 응시한다. 세월은 나에게 세상을 읽는 조금 더 정교한 렌즈를 선물했지만, 여전히 변하지 않는 믿음이 있다.

국제정치가 아무리 비정한 힘의 논리로 작동할지언정, 결국 그 판을 뒤엎는 것은 계산된 전략 이전에 뜨거운 주체들의 '확고한 결의'라는 사실이다.

'사만 데 구에레' 아래 모였던 네 명처럼, 우리 역시 각자의 자리에서 뜻이 맞는 이들을 찾아 나선다면, 그 미미한 '바이러스'들이 모여 언젠가 이 거대한 체스판의 규칙 자체를 새로 쓰는 날이 올지도 모른다. 그 희망의 짱돌을 멈추지 않은 것, 그것이 지난 20년간 글을 써온 나의 유일한 자부심이다.

이 여정을 함께해주실 독자들께 깊은 경의와 감사를 표한다.

2026년 3월

임승수

제1장

사건의 순간

도널드 트럼프의 '확고한 결의'가 던지는 의문들

1

1

카라카스 새벽,
작전명 '확고한 결의' 개시

2026년 1월 3일 새벽 2시, 카라카스 상공은 150여 대의 미군 핵심 전력이 내뿜는 굉음으로 뒤덮였다. F-22와 F-35 스텔스 전투기를 선두로 한 압도적 항공 편대는 단숨에 베네수엘라의 방공망을 무력화하며 작전명 '확고한 결의Absolute Resolve'의 시작을 알렸다.

순식간에 베네수엘라의 심장부는 암흑과 화염에 휩싸였고, 곧 마두로 대통령을 생포하기 위해 미군 특수부대 델타 포스의 강습이 시작되었다. 도시 곳곳에서 연쇄 폭발이 일어났다. 전력망이 끊겨 카라카스 일대는 암흑에 잠겼고, 놀란 시민들은 거리로 뛰쳐나와 정체불명의 비행 물체들이 남긴 섬광과 연기 기둥을 목격했다.

불과 30분 남짓한 시간 동안 미군 특수부대는 목표 건물들을 타격하고 니콜라스 마두로 베네수엘라 대통령을 생포하는 대담한 임무에 성공했다. 몇 시간 후 도널드 트럼프 미 대통령은 "지난밤 내 지시로 미군이 베네수엘라의 심장부에서 무법적 독재자 니콜라스 마두로를 정의의 심판대에 세우기 위한 특별 군사작전을 전개했다"고 발표했다.

2025년 9월 5일, 워싱턴 D.C.에 있는 트럼프 대통령은 집무실인 오벌 오피스^{oval office}에서 짤막한 서명식을 했다. 그가 서명한 행정명령 14347호는 미 국방부^{Department of Defense}의 명칭을 1947년 이전의 '전쟁부^{Department of War}'로 환원하는 내용을 담고 있었다.

'방어'라는 말은 너무 약합니다. 우리는 이기기 위해 존재합니다.

피트 헤그세스 신임 전쟁부 장관은 취임 일성으로 펜타곤의 정체성을 송두리째 뒤흔들었다. 비평가들은 간판과 문서를 교체하는 데만 1억 2500만 달러(약 1700억 원)가 드는 이 조치를 두고 '값비싼 향수 마케팅'이라 조롱했다. 하지만 펜타곤 복도의 분위기는 달랐다. 장관실 문패가 '전쟁부 장관^{Secretary of War}'으로 바뀌고 웹사이트 주소가 'defense.gov'에서 'war.gov'로 변경되는 순간, 군 내부의 교전규칙^{Rules of Engagement, ROE} 또한 '미온적인 적법성

tepid legality'에서 '압도적인 폭력 효과overwhelming violent effect'로 중심 축이 이동하고 있었다.

　　이 변화의 칼끝이 향한 곳은 카리브해 너머 베네수엘라였 다. 추후 자세히 다루겠지만 2025년 12월, 백악관은 국가안보전 략National Security Strategy, NSS을 통해 '트럼프 부칙Trump Corollary'을 발표 했다. 이는 1823년 유럽 열강의 아메리카 대륙 개입을 금지하며 "미국 뒷마당에 신경 끄라"고 선언했던 먼로 독트린Monroe Doctrine 을 가장 공격적으로 재해석하여, 서반구 내 전략자원과 안보가 미국의 배타적 권리임을 선포한 문서다. 베네수엘라 문제를 '인 권'이 아닌 '자원 안보'와 '영토방어'의 관점으로 재정의하는 신호 탄이었다.

보이지 않는 준비와 최종 결단

작전명 '확고한 결의'는 오랜 기간의 은밀한 준비와 리허설을 거쳐 실행되었다. 2025년 8월, 미국 중앙정보국^{Central Intelligence Agency,} CIA은 비밀 요원 소규모 팀을 카라카스에 잠입시켰다. 이들은 마두로의 은신처와 동선을 추적하며 그의 생활 방식 정보를 축적했다. 심지어 마두로 측근을 정보원으로 포섭해, 결정적 순간에 대통령의 정확한 위치 좌표를 실시간으로 넘겨받을 채비까지 마쳤다. 마두로가 머무르는 경호용 안전가옥의 내부 구조와 보안장치도 사전에 파악되었다.

　미군 특수부대 델타 포스 대원들은 이 정보를 토대로 미국 내 기지에 똑같은 모형 건물을 세우고 강습 진입 훈련을 반복했다. 두꺼운 철제문을 폭파하거나 절단하는 연습, 다중 경비망을 뚫는 동선 시뮬레이션 등이 실전처럼 진행되었다고 한다. 트럼프 대통령은 나중에 이 건물이 '아주 견고한 요새'였다고 묘사하면서, 델타 포스가 "목표지의 철문들을 몇 초 만에 제거해버렸다"고 전했다. 그만큼 완벽에 가까운 리허설이 이뤄진 것이다.

백악관에서는 소수 정예의 기획팀이 수개월간 마두로 생포 계획을 수립했다. 주축 인물은 트럼프 대통령의 최측근 참모인 스티븐 밀러 국토안보보좌관, 마코 루비오 국무부 장관, 피트 헤그세스 국방부 장관, 존 랫클리프 CIA 국장이었다. 이들은 거의 매일 대통령과 대면하거나 통화하며 작전 구상을 발전시켰다. 대통령에게 하루 단위로 브리핑을 했고, 작전 계획 수정과 보완을 거듭했다. 2025년 12월 초에는 실전 배치 준비 완료 단계에 돌입하여, 미군과 정보기관이 전원 대기 태세에 들어갔다고 한다. 트리니다드 토바고 정부의 협조를 얻어 미군 수송기가 해당국 공항을 이용할 권한을 확보하는 등, 인근 국가와의 군사협력도 사전 정지 작업으로 이루어졌다.

12월 말에 접어들면서 미국은 베네수엘라 본토에 첫 지상 타격을 감행했다. CIA가 베네수엘라 해안의 한 항만 시설을 드론으로 타격했는데, 이는 미국이 베네수엘라 영토 내 표적을 직접 공격한 첫 사례였다. 대외적 명분은 범죄 조직의 밀수 거점 파괴였지만, 사실상 본격 작전을 앞둔 예행연습이자 경고에 가까웠다.

그럼에도 마두로는 12월 말 한 공개연설에서 일렉트로닉

음악에 맞춰 춤을 추며 "미친 전쟁은 안 된다"고 목소리를 높였다. 미국의 군사 압박을 가볍게 여기는 듯한 이 태도는 결과적으로 트럼프 대통령의 '확고한 결의'를 부채질했다. 더 이상 압박만으로는 상황을 바꾸기 어렵다는 인식을 굳히는 계기가 되었기 때문이다. 《뉴욕 타임스》 역시 마두로가 미국의 위협을 대수롭지 않게 받아들이는 모습을 보인 것이 트럼프에게 '작전을 개시할 시점'이라는 확신을 주었다고 전했다.

한편 미국은 막판까지 마두로에게 출구를 제시하기도 했다. 12월 하순 미국 정부는 튀르키예 망명을 제안하며 "스스로 물러나라"는 최후통첩을 보냈지만, 마두로는 이를 단호히 거부했다. 이로써 협상을 통한 출구는 사실상 닫힌 것이다.

공습과 돌입 그리고
5분의 생포

1월 2일 밤, 트럼프 대통령은 플로리다주 팜비치의 마러라고 리조트에서 보좌진에 둘러싸인 채 작전 진행 상황을 실시간으로 지켜봤다. 작전은 사실 나흘 전 이미 승인됐지만, 군사·정보 기획팀이 더 나은 기상 조건을 기다리자고 건의해 실행이 미뤄진 상태였다. 미 동부표준시 1월 2일 밤 10시 46분, 트럼프는 마두로 생포를 목표로 한 전격 기습 작전 '확고한 결의'의 최종 공격 명령을 승인했다.

대통령은 전체 병력에 "행운을 빈다. 신의 가호가 있기를 Good luck and Godspeed"이라는 격려 메시지를 실시간 전파한 것으로 전해졌다. 이 결정은 의회와의 사전 협의 없이 내려졌다. 정보유출이 작전의 성패를 좌우할 수 있다는 판단에서였다. 실제로

《뉴욕 타임스》와《워싱턴 포스트》등 일부 주요 언론도 작전 개시 직전에 이러한 공격 계획을 입수하고도 미군의 안전을 위해 보도를 유예한 것으로 알려졌다. 마코 루비오 국무부 장관은 "여러 언론매체가 정보를 알고도 미군의 생명을 위해 공개하지 않았다"며 감사를 표했다. 그만큼 이 작전은 마지막 순간까지 결단의 시간표 안에서 밀봉된 채 진행되고 있었다.

베네수엘라 현지 시간 1월 3일 새벽 2시 1분, 작전명 '확고한 결의'가 마침내 개시되었다. 이는 미국 동부 시간으로 1월 3일 1시 1분 무렵이었다.

댄 케인 미 합동참모의장의 발표에 따르면, 이번 공격에는 미국 공군·해군·해병대 소속 150대가 넘는 항공기가 동원되어, 사실상 가용한 핵심 전력이 모두 투입되었다. 이 공중 공격의 목적은 명확했다. 단시간 내 카라카스 상공을 완전히 장악하는 것이었다. 트럼프 대통령은 나중에 "모든 상황에 대비해 전투기를 한 대씩 다 보냈다"고 허풍을 떨 정도였는데, 이는 이 작전의 성격을 잘 보여주었다.

작전 개시와 동시에 미국의 항공 전력은 카라카스와 북부 베네수엘라 일대의 방공망 무력화에 집중했다. EA-18G 전자전기를 비롯한 각종 항공 자산이 베네수엘라의 레이더와 통신망을 교란했고, 뒤이어 스텔스 전투기와 폭격기들이 방공 자산과 군사 시설을 정밀 타격했다. 이 타격은 광범위한 파괴가 목적이 아니었다. 특수부대 헬기의 안전한 진입을 위한 항공 우위 확보, 즉 철저히 계산된 제한적 타격이었다.

새벽의 어둠 속에서 카라카스가 흔들렸다. 시내 한복판의 라 카를로타 공군기지와 티우나 요새^{fuerte tiuna} 일대에서 잇따라 폭발이 일어났고, 치솟는 불길과 연기 기둥이 수도 전역의 하늘을 뒤덮었다.

외신 카메라들이 이 장면을 고스란히 포착했다. 복수의 외신 보도를 종합하면 이날 새벽 최소 7곳의 전략 거점이 동시에 타격을 받았다. 수도 북쪽 라과이라 항구에서도 피해가 확인됐는데, 위성사진 분석 결과 항구 내 방공 장비가 배치된 부두 구역과 인접 시설 일부가 파괴된 것으로 나타났다.

카라카스 일부 지역에서는 정전과 통신 연결 장애가 발생했다. 전문가들 사이에서는 이러한 마비가 공습 과정에서의 물리적 타격, 전자전 효과 혹은 사이버 작전이 복합적으로 작용한 결과일 가능성이 제기되었다.

베네수엘라 정부는 즉각 이를 미국의 공격으로 규정하고 국가 비상사태를 선포했다. 또한 일부 정부 시설과 연구 인프라가 피해를 입었다고 주장했다. 베네수엘라 과학기술부 장관은 소셜미디어를 통해 베네수엘라 국립과학연구소^{Instituto Venezolano de Investigaciones Científicas, IVIC} 건물 잔해 영상을 공개하며 미국이 AGM-154 계열 정밀유도무기를 사용해 자국의 과학 인프라를 타격했다고 비난했다.

순식간에 카라카스 새벽하늘은 시뻘건 화염과 짙은 연기로 뒤덮였고, 라 카를로타 기지 일대에는 불길에 휩싸인 장갑차와 잔해가 나뒹굴었다. 베네수엘라 정부는 전군에 최대 경계 태세를 발령하는 한편 "제국주의 미국의 침략에 끝까지 맞서 싸울 것"을 천명했다. 블라디미르 파드리노 로페스 국방부 장관은 긴급 성명을 통해 "미국의 전투 헬기에서 발사된 미사일과 로켓이 티우나 요새를 비롯한 카라카스 주거 지역을 타격해 사상자가 발생했다"고 규탄하며 유엔안전보장이사회 긴급 소집을 요구했다. 파드리노 장관은 페이스북과 X에 올린 영상에서 벙커 안에 앉은 채 "그들이 우리를 공격했지만 굴복시키지 못할 것"이라며 "반제국주의 해방 전쟁"을 선언하고 전 국민의 단결과 투쟁을 촉구했다.

이러한 혼돈을 틈타 미국 특수부대 침투조는 치밀한 계획대로 움직였다. 공습 개시와 동시에 미 육군 제160특수작전항공연대(나이트 스토커 헬리콥터 부대) 소속 MH-47G 치누크와 MH-60M 블랙호크 헬기편대가 트리니다드 토바고 공항과 해상 함정 등에서 이륙해 카리브해를 가로질러 남진했다. 이 침투의 관건은 속도와 은밀성이었다. 헬기들은 해수면에서 약 30미터 고도로 바짝 붙어 레이더 회피 비행을 했고, 공습으로 뚫린 방공망의 안전 회랑을 따라 카라카스로 접근했다.

민간인이 찍어 SNS에 올린 영상에는 편대 비행하는 헬기들이 밤하늘에 검은 실루엣으로 포착되기도 했다. 표적은 카라카스 남서부에 있는 베네수엘라 최대 군사단지 티우나 요새 내의 한 거처였다. 마두로 대통령 부부는 특수부대가 들이닥치기 불과 3분 전까지도 아무것도 눈치채지 못한 것으로 전해졌다.

헬기들이 목표 지점에 도착하자마자 베네수엘라 경비 병력의 총격이 시작됐다. 인근에서 쏘아 올린 탄환이 1대의 헬기에 명중했지만, 헬기는 경미한 손상만 입은 채 계속 비행할 수 있었다.

델타 포스 요원들과 FBI 요원 Hostage Rescue Team, HRT들이 헬기에서 내려 사방에서 목표 건물을 포위했고, 곧이어 특수부대는 철문을 폭파하고 건물을 진입했다. 이 과정에서 저항이 없었던 것은 아니다. 주변 경비 병력이 총격을 가해왔지만 특수부대원들이 압도적인 화력으로 제압했다.

마두로는 강철 문이 있는 요새 같은 곳에 머물고 있었다. 델타 포스 대원들은 강철 문을 절단해야 할 경우를 대비해 거대한 가스 토치를 지참했다. 델타 포스 요원들이 급습하자 마두로는 사방이 강철로 둘러싸인 안전실로 황급히 대피하려 했다. 하지만 문을 닫기도 전에 제압당했고 마두로와 그의 부인 실리아 플로레스는 생포됐다. 건물 진입부터 생포까지 걸린 시간은 고작 5분 남짓이었다.

작전은 일사천리로 완료되었다. 미국 측 사망자는 없었다. 트럼프 대통령은 이후 "우리 측 몇 명이 다치긴 했지만 아무도 죽지 않았다"고 밝혔고, 댄 케인 합참의장도 "아군 전사자 0명"이라고 확인했다.

반면 베네수엘라 측의 인명 피해는 뼈아팠다. 초기 발표와 달리 사망자는 대통령 근위대와 민간인을 포함해 100명에 육박했다. 쿠바 정부도 자국민 피해를 공식 확인했다. 쿠바는 현지에 파견된 쿠바 요원 32명이 전사했다고 밝히며 아바나로 유해를 운구했고, 대규모 국장國葬을 거행했다.

미국 특수부대원들은 체포한 마두로 부부를 곧바로 헬기에 태웠다. 헬기편대는 미 동부 시간으로 새벽 3시 20분경 이미 카르카스 상공을 이탈해 바다 위를 비행 중이었다. 임무를 마친 헬기들을 미군 전투기들이 엄호 비행하며 뒤따랐다.

작전 개시 7시간 후, 트럼프 대통령은 자신의 트루스 소셜(SNS) 계정에 포박된 마두로 사진을 전격 공개했다. 회색 트레이닝복 차림에 눈가리개와 방음 헤드폰(소음차단용 귀마개)을 착용한 채 수갑이 채워진 그의 모습은, 그가 더 이상 국가원수가 아니라 마약범죄자로서 미국 사법절차의 대상이 되었음을 상징적으로 보여주는 장면이었다. 미 해군 강습상륙함 USS 이오지마호 내 의자에 앉아 있는 마두로의 목에는 주황색 호루라기가 달린 부양용 장치가 걸려 있었으며, 한 손에는 플라스틱 물병이 들려 있었다. 그의 옆에는 'DEA^Drug Enforcement Administration, 마약단속국'라고 쓰인 검은 제복을 입은 미국 요원이 서 있는 것이 사진 구석에 포착되었다. 트럼프 대통령은 이 사진과 함께 "니콜라스 마두로, USS 이오지마함에 탑승해 있음"이라는 글을 올려 자신의 정치적 승리를 만천하에 과시했다.

　　이후 트럼프 행정부는 공식 성명을 통해 "니콜라스 마두로를 비롯한 베네수엘라 독재정권 핵심 인물(마두로의 아내 실리아 플로레스)을 구금했으며, 미국 영토로 압송해 미국법에 따라 처벌할 것"이라고 선언했다. 트럼프 대통령은 플로리다주 마러라고에서 가진 기자회견에서 "권력이양이 이루어질 때까지 미국이 베네수엘라를 운영할 것"이라고까지 말하며 사실상 베네수엘라 임시 통치를 시사했고, 필요하다면 추가 공습도 불사하겠다고 마두로의 남은 세력에 경고하기도 했다.

권력 재편과
석유 질서의 변화

마두로가 생포되었지만, 베네수엘라의 권력구조가 곧바로 붕괴된 것은 아니었다. 베네수엘라 헌법에 따르면 대통령 부재 시 부통령이 임시 권한대행을 맡도록 규정하고 있다. 이에 따라 베네수엘라 대법원은 곧바로 델시 로드리게스 부통령을 '임시 대통령'으로 승인하고, 마두로의 부재를 '불법적 납치'로 규정했다.

델시 로드리게스는 국영TV를 통해 "우리의 유일한 대통령 니콜라스 마두로와 영부인 실리아 플로레스의 즉각 석방을 요구한다"고 선언하며, 이번 미국의 작전을 "야만적 침략과 국가원수에 대한 납치 행위"라고 규탄했다. 델시가 이끄는 정권 핵심부 인사들은 단결을 호소하며 마두로 없는 권력 공백을 메우려 애썼다. 1월 5일, 델시 로드리게스는 정식으로 대행 대통령 취임 선서를 하고 행정부를 유지하겠다고 밝혔다. 로이터통신은 이 상황을 두고 "마두로는 사라졌지만 그의 최측근들은 여전히 권력을 쥐고 있다"고 묘사했다.

실제로 베네수엘라 군부와 정보기관은 친마두로 인사들이 그대로 지휘를 이어갔고, 주요 도시 치안도 친정부 민병대인 콜렉티보^{colectivo}들이 장악했다. 요컨대 미국의 지도자 제거로 정권교체가 실현된 것은 아니었던 것이다.

트럼프 대통령은 베네수엘라 현 정부 구성원 중 미국과 협력할 의사가 있는 인사들을 중심으로 베네수엘라의 통치를 맡기겠다는 의사를 표명했다. 미국의 마두로 생포 작전 성과를 보며 기대를 품었던 베네수엘라 야권은 당황했다. 야권의 상징적 인물인 마리아 코리나 마차도(2025년 노벨평화상 수상자)는 1월 7일 BBC와의 인터뷰에서 "베네수엘라를 이끌 사람은 당연히 나여야 한다"고 주장했다. 그녀는 그간 트럼프 행정부의 강경책을 지지해왔지만, 정작 마두로가 축출된 후 미국이 자신을 제쳐둔 채 현 집권당 인사들과 모종의 합의를 할 가능성이 대두되자 우려를 표명했다.

사실 트럼프는 애초부터 마차도 등 야권 인사들과 협력할 뜻이 없음을 공공연히 드러냈다. 그는 기자회견에서 "그 여성(마차도)은 국내 지지 기반이나 신망이 부족하다"고 일축했다. 실제 미국 정보기관은 섣불리 야권 인사를 내세웠다간 친마두로 세력의 완강한 저항으로 내전이 벌어질 수 있다고 평가하고 있다.

나는 2007년 우고 차베스 대통령 재임 시절에 베네수엘라 수도 카라카스를 방문했다. 카라카스는 산으로 둘러싸인 분지인데 산비탈에 빈민 수백만 명이 빼곡히 거주하고 있다. 밤에 산비탈 집 곳곳에 불이 들어온 모습이 마치 크리스마스트리 같이 아름다워 보이나 과거 신자유주의 정책으로 인한 극심한 빈부격차의 산물이다. 차베스 정부는 석유산업을 국유화해 확보한 재원으로 이들을 위한 복지정책을 강하게 펼쳤고 마두로 정부 역시 같은 정책기조를 계승하고 있다. 산비탈에 거주하는 수백만 명의 사회주의 정권 지지자들은 민병대로 조직되어 무장하고 있으며, 미국이 무리한 정권교체를 시도하면 반정부 게릴라로 전환될 가능성이 높다.

미국에게는 가장 피하고 싶은 상황이다. 철두철미한 반미주의자에 사회주의자인 마두로만 생포해 베네수엘라 내에 공포, 혼란, 분열을 일으킨 후 마두로 정부 내에서 상대적으로 이야기가 통하는 온건한 세력에 힘을 실어줘 베네수엘라를 간접 통치하는 것이 미국에게는 최선이다.

작전명 '확고한 결의' 이후 무엇보다 눈에 띄는 변화는 세계 최고의 매장량을 자랑하는 베네수엘라의 석유산업 재편이다. 트럼프 대통령은 "우리가 베네수엘라의 석유산업을 되살리고, 거기서 나오는 돈으로 비용을 충당할 것"이라고 공언했다. 실제로 미국 대형 석유 기업 임원들은 1월 중순 워싱턴에서 국무부 관계자들과 만나 베네수엘라 유전 정비 및 재가동 방안을 논의했다. 트럼프는 트루스 소셜에서 "지금까지 중국으로 가던 제재 위반 원유 3천만~5천만 배럴을 이제 미국이 가질 것"이라고 밝혔는데, 이는 베네수엘라 석유를 더 이상 중국에 넘기지 않고 미국이 에너지 시장 레버리지로 활용하겠다는 의미다. 이처럼 경제·자원 측면에서 미국의 일방적 이익 추구 의도가 드러나자, 애초에 '마약과의 전쟁'이나 '인권탄압 독재자에 대한 심판'은 구실일 뿐 실상은 '석유 쟁탈전' 아니냐는 평가와 분석이 끊이지 않았다.

로드리게스 베네수엘라 임시 대통령은 2026년 1월 15일 베네수엘라 국회에서의 첫 국정연설에서 "정부는 외국인 투자 촉진을 목표로 손질한 탄화수소법 개정안을 제출할 예정"이라면서 "에너지 관계는 모든 당사자에게 이익이 되는 상업적 틀 안에서 명확히 규정돼야 한다"라고 말했다. 이는 베네수엘라 국영석유회사 PDVSA의 독점 구조를 완화하고 미국계 기업의 유입을 허용하려는 움직임으로 보인다. 트럼프 대통령은 로드리게스 베네수엘라 임시 대통령과 통화 후 "우리는 베네수엘라가 안정을 되찾고 회복하도록 도움을 주면서 엄청난 진전을 이루고 있다"며 "석유, 광물, 무역, 국가안보를 포함해 많은 주제가 논의됐다"고 말했다. 대내적으로는 미국의 마두로 납치와 침략 행위를 규탄하는 강성 발언을 쏟아내지만, 실제 정책에서는 트럼프의 의중을 신속하고 정확하게 반영하는 로드리게스 부통령의 행보에 의구심을 나타내는 시선도 있다. 한마디로 미국이 정보원으로 포섭했다는 마두로 측근이 로드리게스 아니냐는 것이다.

과거 차베스의 혁명 동지였던 라울 바두엘이 변절했던 사례처럼, 델시 로드리게스 역시 같은 궤적 위에 있는 인물일 가능성을 완전히 배제하기는 어렵다. 혹은 미국이 친마두로 세력 내부에 의심과 불신의 씨앗을 뿌리려고 일부러 흘리는 심리전일 수도 있다. 부통령을 '내통자'로 의심하게 만들어 시선을 분산시키고, 진짜 정보 자산을 보호하는 방식으로 말이다.

국제질서의 균열과
패권의 민낯

트럼프의 '확고한 결의' 작전은 지정학적 세력 관계에도 큰 충격을 주었다. 중국은 그간 라틴아메리카 국가들과의 교역 및 투자를 대폭 확대하며 경제적·외교적 영향력을 확대해왔다. 특히 반미 사회주의 기치를 내건 베네수엘라와는 최고 수준의 외교관계를 맺고 있었다. 하지만 중국 외교부의 라틴아메리카 특사가 카라카스에서 마두로와 회담을 하고 지원을 약속한 몇 시간 후 마두로가 생포됨으로써 베이징의 체면이 크게 구겨졌다. 미 국방 전문가들은 "워싱턴이 마음먹고 압박하면, 베이징은 서반구에서 파트너들을 보호할 힘이 없다는 현실이 드러났다"고 평했다.

러시아 또한 우크라이나 전쟁 등으로 지친 상태에서 남미의 친러시아 거점을 잃은 셈이어서 전략적 입지 축소가 불가피해졌다. 러시아 외교관들은 미국이 마두로를 납치한 사건이 "독립 국가의 주권에 대한 용납할 수 없는 침해"라고 통렬히 비판했지만, 정작 현실에서는 속수무책이었다. 일국의 대통령을 생포해 납치한 미국의 심각한 국제법 위반행위에도 불구하고 유엔안보리는 상임이사국 미국의 거부권 앞에 무력했고 미국에 대한 그 어떤 제재 결의도 채택하지 못했다.

1월 4일 오후, 뉴욕 맨해튼 북쪽 스튜어트 공군기지에 수송기가 착륙했고, 양손이 결박된 마두로가 미국 연방 요원들에 둘러싸여 트랩을 내려오는 모습이 언론 카메라에 포착되었다. 마두로 부부는 즉시 맨해튼으로 호송되었고 마약단속국 뉴욕 지부에서 신원확인과 범죄인인도가 절차상 마무리되었다.

이후 두 사람은 뉴욕 브루클린 메트로폴리탄 구치소에 수감되었다. 미 법무부는 1월 4일 저녁 마두로와 플로레스에 대한 기소장 수정본을 공개했다. 그들이 받는 혐의는 '마약 테러조직 공모, 코카인 밀수 공모, 기관총 사용 음모' 등 네 가지로, 2020년 3월 처음 기소된 내용과 유사했다. 다만 눈에 띄는 변화는, 이전에 기소장에서 '태양의 카르텔Cartel de los Soles'이라는 베네수엘라 마약 밀매 조직명을 적시했던 부분을 '부패한 후견 네트워크'라고 표현을 바꾼 점이었다. 이는 미국 측이 재판에서 구체적인 조직범죄 입증의 어려움을 회피하려는 전략으로 풀이되었다.

1월 5일 맨해튼 연방법원, 마두로와 플로레스는 처음으로 미국 법정에 출두했다. 마두로는 통역을 통해 "나는 베네수엘라의 대통령이며 현재 전쟁포로 신분이라고 생각한다. 나의 자택에서 미국군에 의해 납치됐다"고 법정 발언을 했다. 이어 모든 혐의에 대해 무죄를 주장했다. 플로레스도 코카인 밀수 공모 등 자신에게 적용된 혐의를 전면 부인했다. 당시 플로레스는 오른쪽 눈이 부어 있었고 이마에 붕대를 감고 있었으며, 변호인은 생포 과정에서 부상을 입었다며 갈비뼈 골절 가능성에 대한 엑스레이 촬영을 요청했다. 담당 재판장 앨빈 헬러스타인 판사는 마두로의 신병을 3월 26일 예정된 다음 공판 기일까지 계속 구금한다고 결정했다. 마두로의 변호인 배리 폴락은 체포와 이송의 적법성을 다투겠다고 밝히며, 마두로의 국가원수 지위에 따른 면책특권을 제기할 뜻을 내비쳤다.

향후 전례 없는 국제법·미국법 쟁점들이 법정 공방으로 다투어질 전망이다. 다수 보도는 '한 나라의 현직 혹은 전직 원수가 강제 연행되어 미국 형사 법정에 서게 된 것은 현대 국제관계사에 거의 없는 일'이라고 평했다. 마두로의 재판은 수년간 이어질 수도 있고, 그동안 베네수엘라 정국도 안갯속일 가능성이 크다. 어쩌면 이것이야말로 미국이 '마두로 생포'를 통해 노린 진정한 효과일지도 모른다.

세계 최강의 군사력을 동원해 주권국 수반을 납치하고 석유 자원을 사실상 접수한 이번 '확고한 결의' 작전의 충격파는 라틴아메리카는 물론 전 세계 국제질서에 커다란 파장을 일으키고 있다. 지금 벌어지는 일을 단지 트럼프 대통령의 돌발 행동으로만 치부한다면, 우리는 눈앞의 거대한 파도만 볼 뿐 그 파도를 일으킨 심해의 지각변동을 놓치게 될 것이다.

따라서 우리는 이 사건에 얽힌 당사자들의 복잡한 이해관계를 입체적으로 짚어내야 한다. 서반구를 자신의 '뒷마당'으로 수복하려는 워싱턴의 지정학적 욕망, 그리고 마두로 정권을 후원하며 미국을 견제해온 중국과 러시아의 가치관이 정면으로 충돌한 결과가 바로 오늘의 모습이기 때문이다.

그러나 이 거대한 지정학적 체스판 위에서 우리가 절대 잊지 말아야 할 당사자가 있다. 바로 니콜라스 마두로와 그를 지키고자 했던 베네수엘라의 가난한 민중들이다. 미국의 이해관계가 덧씌워진 주류 언론의 시선으로 볼 때 마두로는 나라를 파탄낸 독재자일지 모르나, 카라카스의 산비탈 빈민가인 바리오^{barrio} 사람들에게 그는 미 제국주의와 기득권 세력에 맞서 자신들의 마지막 자존심을 지켜주는 사회주의 지도자이다. 우고 차베스가 시작하고 마두로가 이어온 '볼리바르 혁명'은 가난한 이들에게 식탁 위의 빵뿐만 아니라 역사에서 지워졌던 자신들의 목소리를 되찾아준 과정이었다. 미국의 강력한 경제제재로 생필품이 동나고 하이퍼인플레이션이 몰아치는 극한의 고통 속에서도, 그들이 끝내 마두로를 지지했던 것은 '가난한 자들의 정권'이라는 믿음 때문이었다. 이 결정적인 변수를 간과한다면, 우리는 지금 벌어지는 사태의 본질을 읽어내는 데 치명적인 오류를 범하게 될 것이며, 나아가 이 사건이 몰고 올 지정학적 파장이 미래의 국제질서를 어떻게 재편할지 예측하는 데 있어 그 정확도가 현저히 떨어질 것이다.

누군가는 '확고한 결의'를 인권탄압 독재자에 대한 응징이자 마약범죄자에 대한 사법 정의의 실현이라 부르고, 누군가는 명백한 납치이자 주권 침탈이며 국제법 위반으로 규정한다. 이 팽팽한 언어의 전쟁 속에서 우리가 읽어내야 할 것은 단순한 옳고 그름이 아니다. 힘의 논리가 국제법을 압도하는 시대, 자국 이익을 위해서라면 주권국가의 수장조차 '신병 확보'의 대상이 될 수 있다는 냉혹한 국제정치의 현실부터 직시해야 한다.

이제 이 복잡하게 엉킨 실타래를 하나하나 풀어보고자 한다. 상황에 대한 과학적 인식만이 우리에게 구원의 빛을 줄 수 있다고 '확고하게' 믿기 때문이다.

제2장

미국의 표면적 명분과 진짜 이유

'체포'라는 선택의 논리

2

2

기소와 현상금,
범죄자 프레임의 가동

2020년 3월 말, 미 법무부는 마두로 정권의 수반인 마두로를 포함한 베네수엘라 고위 관료 여러 명을 마약 테러Narco-terrorism 음모와 마약 밀매 등의 혐의로 기소했다. 이와 함께 미 국무부는 마두로의 체포나 유죄판결로 이어지는 정보를 제공하는 사람에게 최고 1500만 달러(한화 약 200억 원)의 현상금을 걸었다. 베네수엘라의 니콜라스 마두로 대통령을 범죄자로 규정하고 그의 신병 확보에 현상금을 내건 트럼프 행정부의 조치는 국제정치에서 이례적인 사건이었다.

　　이 조치의 배경에는 복합적인 정치·전략적 계산이 자리한다. 우선 베네수엘라 내부적으로 2019년의 정통성 위기가 자리하고 있었다. 2018년 마두로가 부정선거 논란 속에 재선된 뒤,

야권 지도자 후안 과이도는 2019년 1월 스스로를 임시 대통령으로 선언했고, 미국을 비롯한 수십 개 국가는 과이도를 베네수엘라의 합법 지도자로 인정하며 마두로의 정당성을 부인했다.

트럼프 행정부는 공식 외교관계도 마두로가 아닌 과이도 진영과 맺는 등 마두로 고립을 시도했다. 2019년에는 베네수엘라 국영석유회사 PDVSA에 대한 제재와 원유 금수 조치를 단행하며 각종 경제제재와 금융 봉쇄로 압박 수위를 높여왔다.

그러나 경제적·외교적 압박과 내부 반란 시도에도 불구하고 마두로 정권은 건재했고, 미국이 지원한 과이도 진영의 정권교체 운동은 동력을 잃어갔다.

이 교착 상태 속에서 나온 2020년 3월의 마두로 기소와 현상금 선언은 트럼프 행정부의 베네수엘라 정책이 새로운 국면에 들어섰음을 보여주었다. 정권교체 전략의 실패를 만회하고 마두로 정권에 마지막 압박을 가하기 위한 극단적인 조치였다.

시점 또한 주목할 만하다. 2020년은 미국 대선이 치러졌던 해였다. 플로리다주에는 쿠바·베네수엘라·니카라과 등 좌파 정권을 피해 망명한 라틴계 유권자들이 밀집해 있으며, 이들은 전통적으로 강한 반공 성향을 보여왔다. 공화당은 이를 의식해 쿠바와 베네수엘라 같은 좌파 정부에 대해 강경한 고립·제재 정책을 유지해왔다.

트럼프 대통령 역시 미국 내 정치적으로 플로리다주를 비롯한 반좌파 성향 히스패닉 유권자층을 겨냥해 강경한 대베네수엘라 입장을 강조할 유인이 있었다는 분석이 제기된다. 마두로를 '사회주의 독재자' '마약 테러리스트'라는 낙인을 찍고 법의 심판대에 세우려는 움직임은, 이러한 유권자층의 지지를 끌어내고 '악의 축' 독재자에 단호히 맞서는 지도자라는 이미지를 부각하는 효과도 있었다. 실제로 2020년 11월 대선에서 트럼프는 플로리다주에서 승리했으며, 베네수엘라·쿠바 출신 유권자들로부터 높은 지지를 얻었다는 평가가 나온다. 이에 따라 마두로에 대한 강경 기조 역시 이러한 정치적 계산과 무관하지 않다는 시각이 존재한다.

마약·테러·인권,
개입 정당화 프레임

미국은 해외 개입을 정당화하기 위해 일관되게 활용해온 몇 가지 서사를 갖고 있다. 그중 대표적인 것이 마약과 테러, 그리고 인권 및 민주주의이다.

전략적으로도, 트럼프 행정부는 마두로 정권을 미국 안보에 대한 위협으로 규정함으로써 보다 과감한 행동의 명분을 축적하고자 했다. 기소장에서 미국 검찰은 마두로와 베네수엘라 고위층이 콜롬비아 무장혁명군Fuerzas Armadas Revolucionarias de Colombia, FARC과 결탁해 미국에 코카인을 범람시키는 마약 테러 음모를 20년 넘게 주도해왔다고 주장했다. 당시 윌리엄 바 미국 법무부장관과 연방 검사들은 "마두로가 코카인을 미국인에 대한 무기로 활용했다"고 규탄하며, 그를 미국 공동체를 위협하는 국제범죄 조직

수괴로 묘사했다.

이는 마두로 정권을 단순한 지역 독재정권이 아니라 미국 본토를 공격하는 안보 위협으로 부각한 것이었다. 이러한 묘사는 '미국의 건강과 안녕을 해치는 적'이라는 프레임으로, 마두로에 대한 강경 조치를 정당화하는 여론전의 성격도 있었다.

실제로 뉴욕주 남부 법원 제프리 버먼 연방 검사는 마두로와 공범들은 미국에 코카인을 범람시켜 국민 건강을 해치려는 의도가 있다고 밝히며, 마약을 국가전략 수단으로 동원한 행위는 더 이상 주권국의 행위가 아니라 국제범죄 카르텔의 행위라고 못 박았다. 이러한 서술을 통해 마두로 정권의 행위를 '국가 행위'가 아닌 '범죄행위'로 격하시킴으로써, 미국이 개입하더라도 이는 정당한 법 집행이라는 인식을 심으려는 전략적 의도가 엿보인다.

또한 마두로와 측근들이 베네수엘라 국가기관을 부패시켜 마약 밀매를 은폐·협조하고 수십억 달러를 착복했다고 주장하며, '베네수엘라 국민을 배신한 범죄 집단'으로 규정했다. 이는 '마약과의 전쟁War on Drugs'이라는 오래된 미국 대외정책 프레임을 적용해, 베네수엘라 개입을 마치 초국경 범죄에 대한 국제사회의 경찰 역할로 그려낸 것이다.

'마약과의 전쟁' 서사는 냉전 종식 후에도 미국이 중남미 개입을 합리화하는 데 자주 활용한 명분이었다. 그 대표적인 전례로 자주 언급되는 사례가 바로 파나마의 마누엘 노리에가에 대한 대응이다. 노리에가는 1980년대 후반 마약 밀매 혐의로 미국에서 기소되어 현직 국가 지도자로서는 이례적으로 '국제 마약 사범'으로 낙인찍혔다. 조지 H. W. 부시 행정부는 "마약과 부패로 얼룩진 독재자를 체포해 정의를 실현한다"는 명분을 내세워 1989년 파나마에 대한 무력 침공을 감행했다. 당시 노리에가는 파나마 군 총사령관이었고 실질적인 최고 권력자였다. 미국은 군대를 동원해 주권국 지도자를 생포했지만 노리에가가 '범죄인'이라는 이유를 들어 '침략'이 아닌 '법 집행'이라고 주장했고, 이 작전은 미 의회의 승인 없이 대통령의 결심만으로 실행될 수 있었다.

실제로 부시 행정부는 노리에가를 붙잡아 오기 위해 미군 2만 7천 명을 투입했고, 노리에가는 결국 미군에 체포되어 미국 법정에 세워졌다. 이 과정에서 미국은 국제법상 의문점을 의식해 내놓은 다층적인 명분들이 있었다. '파나마 주둔 미국인 보호' '파나마운하 조약 수호' '파나마에 민주주의 회복' 등 여러 이유가 거론되었지만, 무엇보다 '노리에가의 마약범죄 처벌'이 가장 큰 명분으로 부각되었다. 이는 미국 대중에게도 정의 구현을 위한 경찰 행위로 이해시키기 수월했고, 결과적으로 노리에가는 마약사범으로 수감되어 생을 마감했다.

마두로에 대한 마약 테러 혐의 기소와 생포 역시 이러한 '국제범죄와의 전쟁' 서사의 현대적 반복이라고 볼 수 있다. 테러리즘은 미국의 해외 개입 담론에서 반복적으로 호출되어온 개념이다. '테러와의 전쟁^{War on terror}' 구호하에 2000년대 이후 미국은 아프가니스탄과 이라크 등지에 군사력을 투입했고, 그 과정에서 표적이 된 정권에는 '테러지원국' 딱지를 붙이곤 했다.

마두로 정권 역시 미국이 테러조직으로 지정한 콜롬비아의 FARC 반군과 결탁했다고 주장을 통해 '마약 테러리즘'이라는 새로운 테러 내러티브로 포장되었다. 이는 단순한 치안 문제를 넘어 안보 문제로 격상시키는 효과가 있으며, 미국 보수 여론에 강하게 어필하는 프레임이다.

2020년 마두로 기소 발표에서도 미국 법무 당국은 '마약 테러 음모'라는 용어를 반복하여 사용함으로써, 이 사건을 단순한 마약범죄가 아닌 국가안보를 위협하는 사안으로 규정했다. 이는 미국의 대응이 설령 군사적 형태를 띠더라도 정당방위 차원이라는 메시지를 은연중에 내포한다. 다시 말해, 테러와의 전쟁 프레임을 마두로 정권에 적용함으로써 미국이 향후 취할 수 있는 강경 조치의 정당성을 선제 확보하려던 것으로 해석된다.

'인권'과 '민주주의'도 미국의 개입 명분에서 빠질 수 없다. 마두로 사례에서는 주된 표면적 명분은 아니었지만, "베네수엘라 국민을 악정으로부터 해방한다"는 식의 언급이 부차적으로 뒤따랐다. 당시 윌리엄 바 법무부 장관은 마두로 기소를 발표하며 "베네수엘라 국민은 효과적인 정부가 필요하다. 부패한 카르텔을 제거하는 것이 국민을 돕는 길"이라고 발언했다. 이 발언은 범죄 수

사라는 법적 틀을 넘어, 정치체제의 정당성 문제를 함께 제기하는 효과를 낳는다. 결과적으로 개입은 단순한 법 집행이 아니라 '민주주의 회복'이라는 가치의 영역으로 확장된다.

이러한 인권 내러티브는 2011년 리비아 내전 당시 무아마르 카다피 정권을 상대로 한 나토NATO 군사개입에서 두드러지게 등장했다. 당시 오바마 행정부와 서방 동맹은 '민간인 보호'를 명분으로 유엔안보리 결의를 얻어내 공습을 개시했고, 결국 카다피 정권을 무너뜨렸다. 카다피에 대한 악마화는 개입 여론을 조성하는 데 중요한 역할을 했다. "카다피가 반군 도시 벵가지에서 학살을 자행할 것이다"라는 주장은 군사행동의 필요성을 정당화하는 핵심 논거로 활용되었다.

그러나 훗날 연구에 따르면, 당시 카다피군의 민간인 학살 위협은 과장되고 오인된 측면이 있었다. 언론의 선정적 보도와 반군 측의 프로파간다가 개입 명분을 부풀렸다는 지적이 나왔다. 이는 '인도주의적 개입'이라는 선의의 간판 뒤에 정권교체라는 목표가 숨어 있었다는 비판으로 이어졌다.

마찬가지로, 베네수엘라에 대한 미국의 압박에서도 '독재 정권에 맞서 베네수엘라 민주주의 회복을 돕는다'는 담론이 일관되게 등장했다. 트럼프 대통령은 2019년 "베네수엘라가 사회주의로 망하고 있다"며 마두로를 폭압자로 규정했고, 폼페이오 국무부 장관 등은 "마두로가 국민을 굶주리게 하고 인권을 유린한다"고 거듭 비판했다. 이런 인권 담론은 국제사회 특히 유럽 및 중남미 우호국의 지지를 얻는 데 유용했다. 실제로 영국, 프랑스 등 서방 민주국가들은 공식적으로 "마두로는 국민의 신임을 잃은 독재자"라는 태도를 보이며 미국의 제재와 야권 지도자 과이도 지지에 동참했다.

요컨대 미국은 마약·테러·인권이라는 3대 내러티브를 적절히 조합해 여론전을 펼침으로써, 베네수엘라 문제에 대한 개입 정당성을 최대한 확보하고자 한 것이다. 이러한 내러티브들은 과거 노리에가, 후세인, 카다피 등의 사례에서도 각각의 맥락에 맞게 '필요한 만큼' 동원되었던 바 있다.

법의 회색지대, 국가원수 면책과
강제 연행의 논리

한 국가가 타국의 현직 국가원수를 범죄자로 지목하여 신병을 확보하려는 시도는 국제법과 국내법 양면에서 복잡한 법률적 문제를 일으킨다. 마두로에 대한 미국의 현상수배는 특히 국제법의 주권 원칙과 면책특권 규범, 미국 내의 대외 행동 법규 사이의 긴장점을 드러냈다.

우선 국제법 측면에서 현직 국가원수에 대한 형사 관할권 행사는 통상 국가면제, 즉 국가원수 면책특권의 문제와 직결된다. 국제관습법상 한 국가의 원수는 외국 법정에서 원칙적으로 형사소추 및 강제조치로부터 면제된다. 국가원수 면책은 국가의 주권 평등을 반영한 원칙으로, 주권국 간 관계에서 상대국 원수를 함부로 체포·기소하지 않는 불문율이다.

미국 역시 이 이론을 일반적으로 존중해왔으나, 마두로의 경우 예외적 논리를 적용했다. 2019년부터 미국은 과이도를 베네수엘라 합법 지도자로 승인하며, 마두로를 '국가원수 지위 상실'로 간주하고 면책특권을 부정한다. 실제로 미국 법무부 관료들은 마두로 기소 직후, "그는 더 이상 베네수엘라의 합법적 국가원수가 아니므로 면책 대상도 아니다"라는 논리를 내세웠다.

다만 이 논리는 국제사회 전체의 합의에 기초한 판단이라기보다 미국의 일방적 견해이므로 국제법적 논쟁을 불러왔다. 유엔 등 국제기구에서는 여전히 마두로 정권 대표가 베네수엘라에 할당된 의석을 차지하고 있고, 러시아·중국을 비롯한 다수 국가는 그를 대통령으로 인정하고 있다. 따라서 마두로에 대한 미국의 형사 기소는 국제법상 엄밀히 보면 현직 국가원수에 대한 주권 침해로 해석될 소지가 있다.

2020년 마두로 기소에 대해 유엔사무총장은 직접 언급을 삼갔지만, 러시아와 쿠바 등 마두로 우방국은 "미국이 타국 정상에 현상금까지 내건 것은 국제법을 조롱하는 행위"라고 비판했다. 베네수엘라 측은 당연히 "미국의 일방적이고 불법적인 조치"라며 전면 거부했다.

범죄인인도 문제도 주요 쟁점이다. 일반적으로 한 국가에서 기소된 외국인을 데려오려면 범죄인인도조약에 따라야 한다. 미국과 베네수엘라는 1922년 체결된 양자 인도조약을 보유하고 있으나, 인도는 상대국 정부의 동의를 전제로 한다. 마두로 정권이 승인할 리는 만무하다. 파나마 노리에가 때도 미국은 파나마와 인도조약이 있었지만, 노리에가 자신이 최고 권력자여서 조약 실행이 불가능했다.

이처럼 상대 정부의 협조가 불가능한 경우 미국이 선택해 온 방법은 일방적 신병 확보였다. 1989년 파나마 침공 당시 노리에가 체포가 대표적 사례였고, 그 외에도 해외에서 미국 요원이 해당 인물을 납치나 체포해 온 전례들이 있다.

미국 법원은 "국외에서 강제 송환되어 온 피고인도 재판관할이 인정된다"는 판례 Ker-Frisbie doctrine에 따라 불법적 압송 extraordinary rendition에도 재판 자체는 진행할 수 있다. 그러나 이러한 방식은 국제법상 주권 침해 논란을 피하기 어렵다. 당시 미국 법무부도 이를 의식하여 1989년 노리에가 작전 직전 내부 법률 검토를 했는데, 그 결론은 "미 정부 요원이나 군이 외국에서 주권국 승인 없이 범죄인을 체포해 오는 것도 국내법상 문제가 없고, 국제관습법 규정과 충돌하더라도 미국의 자위권을 근거로 정당화 가능"이라는 것이었다.

다시 말해, 미국 행정부는 필요하면 국제법 규범을 우선시하지 않고 국내법적 목표 달성을 선택할 수 있다는 입장이다. 노리에가 체포는 이러한 법리의 전형적 사례이며, 마두로의 경우에도 유사한 논리가 적용될 가능성이 있다.

왜 제거가 아니라
체포였나

트럼프 행정부가 치밀한 군사작전을 통해 마두로를 생포한 데는 중요한 정치·전략적 고려가 있다. 표면적으로는 범죄인을 잡아 법정에 세우겠다는 것이지만, 그 이면에는 정보 획득, 국내외 여론, 법적 정당성 등 여러 측면의 계산이 복합되어 있다.

첫째, 정보기관 관점에서 볼 때, 적대적 지도자를 생포하면 얻을 수 있는 정보 가치가 막대할 수 있다. 사담 후세인의 사례가 이를 보여준다. 그는 체포 후 집중 심문을 받으며 정권의 은닉 자산, 군사기밀, 중동 정세 등 상세한 진술을 남기게 되었다.

마두로 역시 단순한 정치지도자가 아니라, 베네수엘라 권력구조와 대외 정보 네트워크의 핵심 고리다. 그렇기에 심문하는 과정에서 미국 정부가 궁금해하는 사항을 파악할 기회가 생긴다. 마두로 정권은 쿠바, 러시아 정보기관과 밀착되어 미국에 대한 첩보망을 운영한 의혹도 있어, 생포 시 그 네트워크를 붕괴시킬 단서를 얻을 가능성이 있다. 하지만 사살해버리면 첩보 기회가 사라지는 만큼, 정보기관은 가능한 한 생포를 선호한다.

둘째, 정치적·도덕적 정당성 측면에서 체포하여 재판에 세우는 그림이 훨씬 부담이 적다. 서방 사회에서 '법정 정의'에 대한 신념은 강하기 때문에, 설령 미국의 일방 행동이라 해도 정식 재판을 거치면 그 결과를 '힘의 행사'가 아니라 '법의 집행'으로 정당화할 수 있다.

마누엘 노리에가를 미국 법정에 세워 유죄판결을 받았고, 사담 후세인을 이라크 법정에 넘겨 사형선고를 받았다. 이 두 사례 모두 사후 정당화에 큰 도움이 되었다. 반면 카다피처럼 현장에서 즉결 처형되는 경우, 그 지도자를 불신하는 이들도 법 절차의 부재에 불편함을 느낄 수 있다.

트럼프 행정부는 이러한 점을 의식해 마두로에게 "미국 법정에서 정당한 재판을 받게 될 것"이라고 강조했다. 이는 국제 사회에서의 역풍을 줄이고 미국의 가치인 법치주의와도 부합하는 연출인 셈이다.

셋째, 법률적 제약 회피라는 실용적 이유도 있다. '제거'는 곧바로 암살 지시라는 프레임을 불러오지만, '체포'는 법 집행의 언어로 번역된다. 이 차이는 상징 이상의 의미가 있다. 미국 대통령이 외국 정상의 제거를 명령할 경우, 국내적으로는 의회의 전쟁 권한 승인 및 통제 범위를 둘러싼 헌법적 논쟁이 즉각 제기되고, 대외적으로는 국제법 위반 논란이 뒤따른다. 반면 체포영장과 현상금을 활용하면 이야기가 달라진다. 이는 범죄인인도 및 법 집행의 연장선으로 해석될 수 있기 때문이다.

실제로 2020년 마두로 기소 당시 주요 미국 언론은 이를 '마약 테러 혐의 기소'라는 법적 사건으로 보도했고, 군사행동 가능성에 관해선 추측 기사를 내더라도 신중한 톤을 유지했다. 이는 트럼프 행정부가 "군사 옵션을 배제하지 않는다"고 언급하면서도 공식적으론 법 집행에 무게를 두었기 때문이다. 결과적으로 '체포'라는 형식을 취함으로써, 미국 행정부는 자국법과 국제여론의 반발을 최소화하면서도 실질적으로는 정권교체 압박이라는 전략 목표를 추구할 수 있다.

넷째, '체포 현상금'은 상대 진영 내부 균열을 유도하는 효과가 있다. 현상금은 단순한 금전 제안이 아니라, 내부 배신을 부추기는 고전적 수단이다.

마두로의 측근들은 더 이상 단일한 공동체로 남기 어렵다. 거액의 보상과 향후 신변 보장 가능성은 충성의 가치를 계산의 문제로 바꿔놓는다. 누군가는 침묵을 지키겠지만, 누군가는 거래를 고민하게 된다. 그 가능성 자체가 이미 균열이다.

또한 현상금의 존재는 마두로 정권 인사들이 해외로 움직일 때의 위험을 극대화시킨다. 언제, 어디서, 누가 현상금 사냥에 가담할지 모르는 상황이므로 심리적 압박감과 고립감을 느끼게 된다. 이렇듯 "우리는 너를 죽이지는 않겠지만, 잡을 것이고 배신당할 수 있다"는 신호는 상대 지도자에게 극도의 스트레스와 불신을 안겨주는 효과가 있다.

2026년 1월 체포 이후, 파장과 후폭풍

트럼프 대통령이 2026년 1월 3일, 카라카스에 대한 군사 타격과 함께 마두로 대통령과 부인 실리아 플로레스를 '생포'해 뉴욕으로 이송했다고 발표하자, 미국 그리고 세계는 즉시 두 갈래로 갈렸다.

　미국 내부의 즉각적인 반응은 극도로 양분되었다. 트럼프 행정부 관리들과 공화당 인사들은 "마약 테러 범죄자를 마침내 법정에 세웠다"는 식으로 마두로 체포를 환영했다. 이들은 마두로가 2020년 미국 법무부 기소에서 지목된 마약 테러조직의 수괴이므로, 그의 신병 확보는 정의 구현이라고 강조했다. 마르코 루비오 국무부 장관은 "마두로는 베네수엘라의 합법적 대통령이 아니며, 카르텔 두목일 뿐"이라며 체포 작전을 정당화했고, JD 밴스 부통령은 "대통령이 여러 차례 경고했음에도 마두로가 범죄행위를 멈추지 않았다"면서 특수부대의 성공을 치하했다. 미국 내 반反마두로 성향이 강한 플로리다주 베네수엘라계 주민들은 거리에서 "자유Liertad!"를 연호하며 이번 사태를 축하하기도 했다.

그러나 민주당을 비롯한 반대 진영은 이를 '다른 나라 정상을 무력 납치한 폭거'로 규정하고 강력히 비난했다. 마크 워너 상원의원은 "의회의 승인 없이 군사력을 동원한 정권교체 시도"라며 헌법위반을 지적했고, "미국이 타국 지도자를 이런 식으로 잡아들이기 시작하면 중국이나 러시아도 같은 논리로 대만이나 우크라이나 지도자를 납치하려 들지 누가 막겠느냐"고 경고했다. 알렉산드리아 오카시오코르테스 하원의원은 "마약이 명분이라면 트럼프 대통령이 한 달 전에 세계적 마약왕을 사면해줬을 리 없다. 진짜 의도는 석유와 정권교체"라고 비판했다. 일부 민주당 의원들은 트럼프 대통령이 의회 동의 없이 전쟁 행위를 했다며 탄핵까지 거론했고, 뉴욕주 주지사 캐시 호컬은 뉴욕에 이송된 마두로 부부의 신병을 두고 "의회의 전쟁 권한을 침해한 불법적 체포 극"이라 비난했다.

미국 주요 언론에서도 "중남미판 판도라 상자를 열었다"는 우려와 "법 테두리를 벗어난 위험한 선례"라는 비판적 논조가 잇따랐다. 로이터 통신과 입소스가 작전 직후 실시한 여론조사에서 전체 응답자의 3분의 1 정도만이 군사개입을 지지했고, 72%는 이번 공격으로 미국이 베네수엘라 문제에 지나치게 휘말릴 것을 우려했다. 특히 공화당 지지층의 65%가 개입을 지지한 반면, 민주당 지지층은 불과 11%만이 찬성하는 등 극심한 당파적 차이가 드러났다. 《워싱턴 포스트》 여론조사에 따르면 미국인 63%는 의회의 승인 없이 단행된 것이 문제가 있다고 답했고, 전반적으로 "군사행동보다는 외교적 해법을 모색했어야 했다"는 신중 여론이 우세한 것으로 나타났다.

국제사회 역시 둘로 크게 갈라졌다. 중국 정부는 "주권국 정상에 무력을 행사한 노골적인 패권 행위"라 규탄하고 "라틴아메리카와 카리브 지역의 평화와 안보를 심각히 위협하는 행위"라고 비난했다. 러시아 외무부도 성명을 통해 미국의 공격을 "무력 침략 행위"로 규정하며 "이러한 행동을 합리화하기 위해 제시된 명분은 정당성이 없다"고 지적했다.

유엔사무총장도 "이러한 선례는 매우 위험하며 국제법 질서를 흔드는 일"이라며 깊은 우려를 표명했다. 브라질, 칠레, 멕시코, 콜롬비아, 스페인, 우루과이 등 6개국은 공동성명을 내어 "미국의 일방적 군사행동을 깊이 우려하며 단호히 반대한다. 이는 국제법의 근본 원칙을 위배하고 지역 평화에 극도로 위험한 선례를 남긴다"라고 규탄했다. 유럽연합EU 역시 공식 논평에서 "마두로의 정당성에는 의문이 있지만 어떤 경우에도 국제법과 유엔헌장의 원칙이 지켜져야 한다"며 자제와 대화 해결을 촉구했다.

전통적으로 미국과 가까운 독일과 캐나다도 국제법 준수

를 강조하며 베네수엘라 국민이 민주주의와 평화를 누릴 권리가 있음을 언급했다. 영국도 국제법이 존중되어야 한다며 자신들은 이 작전에 관여하지 않았다고 선을 그었다.

한편 이스라엘의 베냐민 네타냐후 총리는 "트럼프 대통령의 대담하고 역사적인 지도력에 경의를 표한다. 용감한 미군의 작전에 경탄한다"며 이례적으로 공개 찬사를 보냈고, 아르헨티나의 밀레이 대통령은 "독재정권이 무너진 것은 자유세계의 경사"라며 환영 입장을 내놓았다.

하지만 대다수 국제여론은 미국에 비판적이다. 브라질의 룰라 대통령은 "베네수엘라의 주권에 대한 매우 심각한 침해"이자 "국제사회 전체에 매우 위험한 선례"라고 규탄했고, 남아프리카공화국과 이란 등도 유엔안보리 소집을 요구하며 책임 규명을 촉구했다.

요컨대 미국이 주도한 마두로 체포 작전에 대해 국제사회는 '법치 대 힘의 논리'라는 프레임으로 크게 분열된 상태다. 일부에서는 "마두로 정권의 붕괴로 베네수엘라에 자유와 민주주의의 새 장이 열릴 것"이라는 기대를 표하지만, 더 많은 국가가 "미국이 국제규범을 무시한 위험한 분수령"이라며 우려를 나타내고 있다. 이는 1989년 파나마 침공 이후 전례 없는 사태로서, 향후 이 문제가 유엔 무대에서 미국과 국제사회의 심각한 외교 갈등으로 비화할 조짐을 보인다.

제3장

돈로 독트린

아메리카 우선주의와 서반구 패권의 재편

3

2026년의 벽두, 돌아온 먼로 독트린

2026년 새해의 아침은 전 세계에 충격적인 뉴스와 함께 밝았다. 1월 3일 새벽, 미군 특수부대가 베네수엘라의 수도 카라카스를 급습해 니콜라스 마두로 대통령을 전격 생포한 작전명 '확고한 결의'가 감행된 것이다. 아직 그 충격이 가시기도 전에, 미국은 북쪽의 동맹국 덴마크를 향해 그린란드를 매각하라는 전례 없는 압박을 가했고, 이에 불응하거나 반대하는 유럽 동맹국에 대한 보복까지 시사했다. 언론과 평론가들은 트럼프 대통령 특유의 예측 불가능한 '광기'가 다시 도졌다고 떠들썩하게 보도했다. 그들의 눈에 비친 트럼프와 미국은 그저 통제 불능의 깡패로만 보였을지도 모른다. 하지만 과연 그럴까?

　이 일련의 조치를 돌출 행동이라고 단정하기에는, 공통

된 맥락이 있다. 2025년 12월 백악관이 발표한 '미국 국가안보 전략'이라는 청사진 위에서 움직이는 치밀한 기계적 작동이라는 것이다.

미 대통령이 발표하는 국가안보전략은 단순한 정치적 수사가 아니다. 그것은 미국이 세계를 어떻게 인식하고 어디에 우선순위를 둘 것인지를 공식적으로 천명하는 국가 차원의 전략 문서다. 대통령의 국가안보전략 보고서 제출 의무는 1986년 제정된 '골드워터-니콜스 국방부 재편법 Goldwater-Nichols Department of Defense Reorganization Act of 1986'에 의해 명문화되었다. 이 법은 1980년 이란 인질 구출 작전 실패와 1983년 그레나다 침공에서 드러난 군 간 합동작전의 구조적 문제를 교훈 삼아 추진된 개혁이었다. 이후 행정부는 국가안보전략을 의회에 정기적으로 제출해야 했으며, 미국의 외교·안보 정책 방향은 단순한 대통령의 구상이 아니라 국방부·국무부·정보기관이 공유하는 공식 전략 문서로 제도화되었다. 한마디로 미국판 '국가전략 지도'라 할 수 있다.

이번 전략으로 우리가 목격하고 있는 것은 19세기 '먼로 독트린'의 트럼프식 부활이다. 미국은 지금 서반구 전체를 자신의 배타적인 영역으로 재규정하고, 이를 위해 군사적 개입과 정치 공학을 서슴지 않는 길로 들어섰다.

1823년 제5대 대통령 제임스 먼로는 "아메리카 대륙은 미국의 영향권"이라며 유럽 열강에게 더 이상 서반구에 간섭하지 말라는 원칙을 선언했다. 당시 미국은 아직 강대국이라기보다 성장 단계의 국가였다. 그럼에도 당시 발표된 먼로 독트린은 미국이 자기 지역은 스스로 지키겠다는 강한 의지를 보여주었다. 이후 먼로 독트린은 여러 대통령에 의해 각기 다른 방식으로 반복해서 인용되었으며, 미국이 서반구에서 패권을 주장하는 역사적 명분이 되었다.

20세기 초에 이르러 시어도어 루스벨트 대통령은 먼로 독트린에서 한 걸음 더 나아가 "미국이 서반구에서 국제경찰 역할을 할 권리"를 주장했다. 1904년 이른바 루스벨트 부칙^{Roosevelt Corollary}으로 불리는 이 원칙을 통해, 미국은 서반구 이웃 나라에 문제가 생기면 적극적으로 개입할 수 있다고 천명했다. 이는 당시 유럽 국가들이 라틴아메리카에 무력간섭을 시도하려던 움직임에 대응해 나온 선언이었지만, 결과적으로 미국 스스로 라틴아메리카 여러 나라에 군사개입을 정당화하는 논리로 작용했다.

이후 냉전체제에 들어서면서 미국의 대외 전략은 전 세계로 확장되었다. 1947년 해리 트루먼 대통령의 트루먼 독트린은 전 세계에서 공산주의 팽창을 저지하겠다는 의지를 담고 있었고, 이러한 글로벌 개입주의는 먼로 독트린의 '외부 세력 배제'라는 전통적 인식과 결합되어 작동했다. 냉전 기간 동안 미국은 쿠바의 공산 정권을 고립시키거나, 1954년 과테말라와 1973년 칠레에서 사회주의 성향의 정권을 무너뜨리는 등 서반구에서 외부 세력의 영향력을 차단하려는 행동을 거듭했다. 1962년 쿠바 미사일 위기 당시 존 F. 케네디 대통령이 소련의 미사일 배치를 저지하기 위해 쿠바 해상봉쇄에 나선 것도 "서반구에 대한 외부 세력의 군사적 개입을 용납하지 않는다"는 먼로 독트린 정신의 연장이라고 볼 수 있다. 이처럼 미국은 19세기 유럽 열강, 20세기 소련에 이어, 전통적으로 "자신의 반구에는 외부 세력이 발붙이지 못하게 한다"는 전략적 신념을 유지해온 것이다.

냉전 종식 후 한동안 미국의 시선은 중동 분쟁과 테러와의 전쟁 등에 쏠리면서 서반구에 대한 언급이 줄어들기도 했다. 그러나 미국 전략가들의 머릿속에는 여전히 '서반구는 우리의 뒷마당'이라는 인식이 자리하고 있었다. 실제로 21세기 들어서도 미국의 공식 문서와 담론에서는 형태만 바뀐 채 이런 먼로 독트린의 관점이 반영되곤 했다. 그리고 마침내 트럼프 행정부에 이르러, 오랫동안 잠잠했던 이 먼로 독트린의 맥박이 다시 힘차게 뛰기 시작했다. 트럼프 대통령의 최근 행동은 그저 즉흥적인 돌발 행동이 아니라, 미국 외교 전략사에 깊이 뿌리내린 먼로 독트린 전통을 현대적으로 부활시킨 거대한 구상의 일부로 봐야 한다.

돈로의 이름으로 선언된
패권 회복

2025년 12월, 백악관이 공개한 새로운 미국 국가안보전략 보고서는 미국의 전략적 우선순위가 어디로 향하고 있는지를 극명하게 보여주었다. 이 보고서는 미국이 직면한 핵심 안보 목표들을 나열하고 지역별 우선순위를 재정립했는데, 놀랍게도 서반구, 즉 미주 지역이 이 전략의 최전방에 배치되었다.

이전 몇 차례의 미국 안보전략 문서에서는 아시아-태평양(인도-태평양)이나 중동이 주로 부각되고 라틴아메리카는 짧게 언급되는 경우가 많았다. 하지만 2025년 전략에서는 라틴아메리카와 카리브해 지역이 가장 먼저 언급되고 가장 중점적으로 다루어졌다. 이는 트럼프 대통령이 미국의 안보 이익 측면에서 자국이 속한 서반구를 최우선 무대로 간주하고 있다는 의미다.

실제로 이 보고서는 "오랜 기간 방치된 후, 이제 미국은 서반구에서 먼로 독트린을 재확인하고 집행할 것"이라며 이를 "트럼프판 먼로 독트린Trump Corollary to the Monroe Doctrine"이라고 명명했다. 한마디로 1823년 먼로 대통령 시절 제시된 원칙을 21세기에 되살려, 미국이 이 지역에서 다시 주도권을 쥐겠다는 선언이다. 보고서에는 미국의 목표가 명확히 적혀 있었다. '서반구에 대한 미국의 패권 회복'이 그 핵심으로, 이를 위해 '역외 경쟁 세력non-hemispheric competitors', 즉 미국 바깥의 외부 강대국이 서반구 어디에서도 군사적 거점을 구축하거나 중요한 자산을 통제하지 못하도록 하겠다고 천명한 것이다. 이는 마치 과거 유럽 제국들에게 "이 대륙에 발 들여놓지 말라"고 경고했던 먼로 독트린의 메시지를, 이제는 중국과 러시아 같은 현대의 경쟁국들에게 보내는 격이다.

'돈로 독트린Donroe Doctrine.' 먼로 독트린의 '먼로' 앞에 트럼프의 이름 '도널드Donald'의 일부를 합쳐 만든 신조어다. 트럼프는 마두로 체포 작전 직후 기자회견에서 "모든 조치가 200년 넘는 미국 외교 원칙을 위반한 것들에 대한 응징"이라고 정당화하면서, "먼로 독트린은 대단했지만 우리는 그것을 훨씬 뛰어넘었다. 이제 사람들은 그걸 '돈로 독트린'이라고 부른다"고 선언했다. 미 국무부도 사회관계망에 "여기는 우리의 반구이며, 트럼프 대통령은 우리의 안보가 위협받도록 두지 않을 것"이라는 강경 입장을 올렸다. 백악관과 국무부가 한목소리로 먼로 독트린의 부활을 천명한 셈이다.

'돈로 독트린'이 겨냥하는 바는 분명하다. 그것은 바로 미국이 속한 서반구에 외부 세력의 영향력이 발붙이는 상황을 용납하지 않겠다는 것이다. 트럼프 대통령은 마두로 정권하의 베네수엘라에 중국, 이란, 러시아 같은 "외국의 적대 세력들이 둥지를 틀고 미국을 위협할 공격 무기까지 갖췄다"고 비난했다. 실제로 베네수엘라는 석유산업에 중국과 러시아의 투자가 깊숙이 들어와 있었고, 쿠바나 이란 등 반미 세력과 긴밀했다. 트럼프 행정부는 이를 "미국 외교 원칙에 대한 노골적인 위반"으로 규정하며 200년 전 먼로 대통령의 경고를 소환해 온 것이다. 즉, 돈로 독트린은 1823년 먼로가 "유럽은 아메리카 대륙에 손대지 말라"고 한 경고를 오늘날 "중국이나 그 밖의 외부 강국은 더 이상 미주 대륙에 손대지 말라"는 경고로 갱신한 것이라 볼 수 있다. 요컨대 2025년의 국가안보전략 보고서를 통해 트럼프 행정부는 '미국의 앞마당'인 서반구에서 잃었던 주도권을 되찾고 흔들림없이 지키겠다는 청사진을 내놓았다. 그리고 트럼프 대통령과 측근들은 그 구상을 대내외에 천명하며, 실제 행동으로 뒷받침하고 있다.

동참과 확대의 행동 지침

트럼프 행정부의 2025년 국가안보전략에 담긴 서반구 전략은 구체적인 행동 지침들로 빼곡하다. 그 핵심 모토는 '동참시키고, 확대하라'는 구호로 요약된다. 미국은 우선 기존의 이웃 우방들을 적극 '동참'시켜서 이들과 함께 불법 이민 통제, 마약 퇴치, 지역 안정 확보에 나서겠다고 밝혔다. 동시에 미국과 가까이 지내지 않았던 서반구 나라들까지 미국 영향권을 '확대'하여, 미국을 이 지역 국가들에게 '최우선 선택의 파트너'로 만들겠다는 야심을 드러냈다. 서반구의 나라들이 중국이나 러시아 대신 미국과 협력하는 길을 택하도록 당근과 채찍을 모두 동원하겠다는 뜻이다.

　우선 미국은 오랜 현안인 중남미발 불법 이민과 마약 카르텔 문제를 해결하는 데 군사력 동원도 불사하겠다고 천명했다.

이 전략 보고서는 미군의 글로벌 주둔을 조정하여, 그동안 상대적으로 소홀했던 서반구에 더 많은 자원과 병력을 투입하겠다고 명시했다. 예를 들어 해안경비대와 해군의 역할을 강화해 카리브해와 남미 해역에서 마약 밀매·인신매매를 차단하고, 국경 지역에는 필요한 경우 치명적 무력까지 사용해 카르텔 등 초국적 범죄 조직을 소탕하겠다는 강경한 방침을 밝혔다. 이는 사실상 미국이 자국 남부 국경과 중미 지역에 준準전시 수준의 강력 단속을 감행할 수 있음을 시사한다. 실제로 트럼프 대통령은 멕시코에 "마약 조직을 방치한다면 베네수엘라처럼 될 수 있다"고 엄포를 놓았고, 그 압박에 멕시코 정부는 주요 카르텔 조직원들을 미국으로 신속히 인도하는 등 서둘러 협조하는 모습을 보였다.

이와 함께 미국은 '경제외교'를 통해 서반구 국가들을 자국 편으로 끌어들이는 전략도 제시했다. 관세 부과나 새 무역협정 체결 같은 경제 수단을 활용해 이웃 나라들을 미국 시장과 밀착시키면서, 궁극적으로 미주 지역 전체를 미국과 함께 성장하는 번영의 장으로 만들겠다는 구상이다. 역내 공급망을 강화하여 중국 등 외부에 대한 경제의존도를 낮추고, 무기 판매부터 정보 공유, 합동 군사훈련까지 다방면에서 안보협력을 확대함으로써 동맹관계를 더욱 공고히 하겠다는 계획도 담겼다.

한편 미국은 라틴아메리카 각국 정부를 향해서는 "겉보기엔 값싼 외국의 지원에 숨은 비용이 많다"고 경고하며, 미국의 금융력과 기술력을 지렛대로 활용해 이들이 중국 등의 투자를 거부하도록 유도하겠다고 밝혔다. 쉽게 말해 중국이나 러시아가 이 지역에 제공하는 차관·인프라가 당장은 저렴해 보여도, 그 뒤에는 사이버 스파이 활동, 부채 함정 등의 대가가 따른다고 경고하며 각국을 설득 및 압박하겠다는 것이다. 아울러 미국은 자국의 수출규제와 수입허가절차를 완화해서라도 서반구 국가들이 필요한 기술과 자본을 제때 미국으로부터 얻을 수 있게 하겠다고 공언했다. 이렇게 해서 각 나라에 '미국이 주도하는 세계의 일원으로 남을 것인가, 아니면 먼 나라들의 영향권에 떨어질 것인가'를 선택하도록 만들겠다는 것이다.

베네수엘라에서 그린란드까지,
시험대에 오른 서반구

앞서 살펴본 미국의 전략 노선은 이제 실제 행동으로 이어지고 있다. 트럼프 행정부가 서반구 각지에서 취하고 있는 일련의 조치들은 그 전략의 연장선상에 있다. 그중 가장 극적인 예가 베네수엘라에서의 정권교체 시도, 즉 마두로 대통령에 대한 전격적인 생포 작전이다. 베네수엘라 문제는 트럼프의 서반구 구상의 시험대 같은 것이었다. 오랫동안 반미 노선을 걸어온 니콜라스 마두로 정권은 쿠바, 중국, 러시아와 밀착하며 미국을 배제한 채 정부를 운영했는데, 특히 베네수엘라의 방대한 석유 자원에 중국 기업과 자본이 깊숙이 관여하고 있었다. 미국 입장에서는 이것이 '자신들의 뒷마당에 외부 세력이 둥지를 튼' 전형적인 사례였다.

결국 트럼프 대통령은 2026년 1월 특수부대를 투입해 마두로를 붙잡음으로써 이 난제를 힘으로 해결해버렸다. 이는 국가안보전략에 명시된 대로 "서반구에 적대적인 외부 세력이 발붙이지 못하게 하겠다"는 원칙을 행동으로 옮긴 셈이다. 마두로를 제거함으로써 미국은 베네수엘라에 대한 주도권을 다시 쥐게 되었고, 오랫동안 베네수엘라 석유에 지원해온 중국과 러시아를 이 지역에서 몰아낼 발판을 마련했다.

그린란드 사태도 같은 맥락에서 이해할 수 있다. 그린란드는 덴마크왕국의 자치령이지만, 북아메리카 대륙의 일부이고 지리·군사적으로 전략적 요충지일 뿐 아니라 희귀 광물을 비롯한 자원도 풍부한 곳이다. 트럼프 대통령은 2019년 첫 임기 때부터 그린란드를 "미국이 사들이고 싶다"고 공공연히 말해왔는데, 2025년 재집권 후에는 아예 "미국의 국가안보를 위해 그린란드가 필요하다"며 덴마크에 영토 협상을 압박했다. 덴마크가 완강히 거부하자, 트럼프 대통령은 "말을 듣지 않으면 그린란드에 관세 폭탄을 매길 수 있다"는 식으로 으름장을 놓기도 했고, 심지어 미군 파병 가능성까지 흘리며 주변국들을 긴장시켰다. 얼핏 보면 동맹국의 영토를 둘러싼 무모하고 공격적인 요구처럼 보이지만, 그 배경에는 역시 중국을 견제하고 서반구에서 미국의 영향력을 확장하려는 전략적 계산이 자리 잡고 있다.

그린란드는 전기차 배터리와 첨단 전자제품 제조에 필수적인 희토류 등 희귀 광물의 보고寶庫로서, 중국이 지속적으로 광산 투자와 인프라 지원을 제안하며 공을 들여온 곳이다. 미국 국가안보전략은 "서반구의 전략적으로 중요한 자산은 외부 경쟁국이 소유하거나 통제하지 못하게 할 것"이라고 못 박고 있는데, 트럼프 대통령의 그린란드 '합병' 구상은 바로 이 원칙을 행동에 옮긴 사례라 할 수 있다. 미국은 이미 그린란드에 자국이 통제하는 툴레 공군기지(현 비두핏 우주기지)를 두고 있지만, 더 나아가 이 거대한 섬을 미국 영토로 편입시켜 중국과 러시아가 발붙일 여지를 원천 봉쇄하려 한 것이다. 덴마크의 메테 프레데릭센 총리가 "미국이 설마 NATO 동맹국을 공격한다면 그 순간 모든 것이 끝장날 것"이라며 강하게 경고했지만, 트럼프 행정부는 동맹의 우려보다 미국의 안보 이익을 우선시하겠다는 태도를 노골적으로 보여주고 있다.

라틴아메리카의 정치 지형도 미국의 새 전략 아래 크게 요동치고 있다. 국가안보전략 문서는 "우리의 원칙과 전략에 부합하는 정부와 정치세력을 보상하고 장려할 것"이라고 못 박았는데, 이는 미국이 이 지역의 정권교체에도 적극 관여하겠다는 신호나 다름없다. 실제로 21세기에 들어 중남미 주요 국가들에서는 중국과 밀착하는 좌파 성향의 정권들이 연이어 집권했는데, 트럼프 행정부는 이를 좌시하지 않겠다는 입장이다. 친미적이지 않은 정권에 대해서는 경제제재와 외교적 압박으로 그 힘을 약화시키고, 반대로 친미 성향 세력에 대해서는 재정 지원이나 정보 제공 등 보이지 않는 손길까지 동원해 입지를 키워주는 것이 트럼프 행정부의 노선이다.

미국은 중남미 국가들의 국내 정치에 노골적으로 개입하기 시작했다. 2025년 말 치러진 온두라스 대선이 대표적이다. 트럼프 행정부는 우파 후보 나스리 아스푸라를 노골적으로 지원하며, 상대 후보가 당선될 경우 원조를 끊겠다고 위협했다. 심지어 선거 결과가 박빙으로 흐르자 "지옥을 맛보게 될 것"이라는 원색적인 경고도 서슴지 않았다.

반면, 미국의 전략에 적극 협조하는 아르헨티나의 밀레이 정권에는 막대한 금융 지원이라는 당근이 주어졌다. 이는 주변국에게 보내는 명확한 신호였다. 미국 편에 서면 번영을 약속받지만, 반대편에 서면 정권의 생존조차 장담할 수 없다는 것이다. 이것은 민주적 절차에 대한 존중보다는, 확실한 친미 정권을 수립하여 이민자를 차단하고 자원을 확보하겠다는 실리적이고 패권적인 접근이다. 그 배경에는 중국의 영향력을 사전에 차단하려는 전략적 목표가 깔려 있다.

최근 중국이 중남미 곳곳에서 광산 개발, 5G 통신망, 항만 건설 등에 투자를 확대하자, 미국은 아예 친중 성향의 지도자가 집권하지 못하도록 선거 단계부터 개입 강도를 높이고 있는 것이다.

패권 회복인가,
불안의 자백인가

결국 베네수엘라 정권교체 시도, 그린란드 영토 분쟁, 중남미 선거 개입 등 얼핏 보면 별개의 사건들처럼 보이는 일련의 움직임은, 크게 보면 모두 미국이 서반구 패권을 재확립하기 위해 치밀하게 추진 중인 전략의 일부다. 트럼프 행정부는 19세기 먼로 독트린을 트럼프식으로 부활시켜 서반구에 대한 미국의 지배력을 되찾겠다는 목표를 내걸었고, 그 청사진을 하나씩 현실에 적용해 나가고 있다.

이처럼 최근 벌어진 사건들은 모두 미국이 서반구에서 영향력을 되찾기 위해 체계적으로 벌이는 행동임이 분명해 보인다. 트럼프 대통령의 큰 그림은 19세기 먼로 독트린 시절처럼 미주 대륙 전체를 다시금 미국의 손아귀에 단단히 쥐는 것이다. 베네수엘라에서 대통령을 납치하고, 그린란드까지 손을 뻗치는 과감한 조치들은 그 목표를 향한 서막에 불과하다. 한마디로 미국은 자신의 '앞마당'에서 더 이상 남의 세력이 활개치지 못하도록 본격적인 정리 작업에 돌입한 셈이다.

앞으로도 비슷한 움직임은 계속될 가능성이 크다. 실제로 트럼프 대통령은 베네수엘라 작전 직후 쿠바가 "곧 무너질 준비가 됐다"며 오랫동안 반미 노선을 걸어온 쿠바 정권의 변화도 예고했다. 콜롬비아를 향해서도 "베네수엘라와 같은 운명을 맞을 수 있다"는 암시로 압박하면서, 주변국들에 미국의 새 노선을 따르라고 경고장을 날렸다. 멕시코 역시 마약 카르텔을 방치한다면 군사 조치도 불사할 수 있다는 뉘앙스를 풍기고 있다. 트럼프 행정부의 인식 속에서 서반구는 미국 안보와 직결된 '우리 동네'인 만큼, 필요하다면 동맹이든 적성이든 가리지 않고 강압적 수단을 동원할 태세인 것이다.

어쩌면 트럼프의 '돈로 독트린'은 미국의 자신감 선언이 아니라, 서반구에서조차 미국의 헤게모니가 더 이상 자동으로 작동하지 않는다는 사실을 스스로 인정한 것일지도 모른다. 실제로 라틴아메리카를 연구해온 다수의 국제정치학자들은 "패권국은 자기 앞마당을 굳이 독트린으로 선언하지 않는다"고 지적해 왔다.

브루킹스 연구소의 중남미 전문 연구진은 중국이 이미 여러 중남미 국가에서 최대 교역국으로 부상했고, 항만·광산·에너지 인프라에 깊숙이 진출한 상황에서 미국의 영향력은 구조적으로 약화되고 있다고 분석한다.* 그런 측면에서 트럼프의 서반구 강경 전략은 새로운 팽창이라기보다, 이미 상실된 영향력을 되돌리려는 사후적 공세에 가깝다고 평가할 수 있다. 이 관점에서 보면 마두로 생포, 그린란드 집착, 중남미 선거 개입은 패권의 여유에서 나온 행동이 아니라, 자신의 뒷마당에서조차 영향력이 크게 약화된 미국의 불안이 표출된 결과다.

다시 말해 '돈로 독트린'은 먼로 독트린의 화려한 부활이 아니라, 미국이 서반구에서조차 더 이상 자연스러운 리더가 아님을 자각한 순간에 등장한, 일종의 전략적 자백일지도 모른다.

* Ted Piccone, China and Latin America: A Pragmatic Priority, Brookings Institution, 2020.

제4장

혁명의 설계자들

혁명의 후계자와 새로운 지도자의 등장

4

푼토 피호 체제의 탄생

1950년대 베네수엘라는 군사독재 국가였다. 쿠데타로 권력을 쥔 인물은 마르코스 페레스 히메네스였다. 석유산업을 앞세운 개발 정책은 외형상 화려했지만, 그 이면에는 혹독한 정치적 탄압과 부패, 부정선거가 누적되고 있었다. 이 시기 미국은 베네수엘라의 군사독재 정권을 지원했다. 베네수엘라의 풍부한 석유 자원이 미국 기업의 이익과 직결되어 있었고, 동시에 냉전 시기 라틴아메리카에서 강력한 반공 정권을 유지하는 것이 미국 전략에 부합했기 때문이다. 하지만 억압적인 통치에 결국 민심은 돌아섰고, 1958년 1월 23일, 민중 봉기와 군부 일부의 이탈이 겹치며 군사독재 정권은 무너졌다.

그러나 독재의 종식이 곧 민주주의의 안착은 아니다. 보수 정치엘리트 앞에는 두 가지 공포가 동시에 놓여 있었다. 하나는 군부가 다시 쿠데타를 일으킬 수 있다는 두려움, 다른 하나는 민중 봉기와 더불어 만만치 않은 세력을 형성한 급진 좌파였다. 결국 1958년 10월 31일, 카라카스의 한 주택에 주요 정당 지도자들이 모였다. 이 집의 이름이 바로 '푼토 피호^{Punto Fijo}'였고, 여기서 체결된 합의가 훗날 푼토 피호 협정이라 불리게 된다. 이 협정을 주도한 정당은 다음 세 곳이었다.

• **민주행동당**Acción Democrática, AD
노동조합과 농민, 도시 중산층을 기반으로 성장한 대중 정당으로, 이념적으로는 중도 좌파에 가까웠다. 반독재 투쟁의 중심이었고, 내부에는 급진적 개혁을 주장하는 좌파 흐름도 강했다. 그러나 지도자였던 로물로 베탄쿠르는 냉전이라는 국제질서 속에서 급진 노선이 불러올 위험을 의식했고, 결국 민주행동당은 체제 안정과 점진 개혁을 우선하는 방향으로 선회한다.

• **기독사회당**Comité de Organización Política Electoral Independiente, COPEI
가톨릭 사회 교리를 바탕으로 한 기독교 민주주의 정당으로, 중도 우파 성향을 띠었다. 재산권과 사회질서를 중시하면서도 일정 수준의 사회개혁은 인정하는 입장이었고, 지도자 라파엘 칼데라는 협정 체결의 핵심 인물이었다. 푼토 피호가 바로 라파엘 칼데라의 저택이었다.

• **민주공화연합**Unión Republicana Democrática, URD
중도적 민족주의 성향의 정당으로 반독재 투쟁에 중요한 역할을 했지만, 이념적 결속은 상대적으로 약했다. 이후 로물로 베탕쿠르 정부의 강경한 반쿠바·친미 외교 노선에 동의하지 않아 1962년에 협정을 탈퇴했다.

당시 대중적 기반과 투쟁 경험이 있던 베네수엘라 공산당 Partido Comunista de Venezuela, PCV 은 이 협정에서 의도적으로 배제되었다. 이는 보수층과 군부의 반발을 누그러뜨리고, 무엇보다 미국의 거부감을 피하기 위한 선택이었다. 협정의 출발점에서부터, 이미 허용된 정치와 배제된 정치의 경계선이 그어졌던 셈이다.

푼토 피호 협정 내용은 이러했다.

첫째, 선거 결과의 무조건적 존중
누가 이기든 패배한 쪽은 결과를 수용하고 쿠데타나 폭력에 의존하지 않는다.

둘째, 공동 통치와 권력 분점
선거에서 승리한 정당이 권력을 독식하지 않고, 다른 주요 정당 인사들을 내각과 국가기관에 고루 등용한다.

셋째, 국가 운영에 대한 최소한의 합의
석유 수입을 기반으로 한 점진적 개혁과 국가 근대화라는 공통 목표를 공유한다.

넷째, 군부와 교회의 기득권 인정
군부의 정치 개입을 차단하는 대신 그 지위를 존중하고, 가톨릭교회의 사회적 역할을 제도적으로 보장한다.

미국 아이젠하워 행정부는 베네수엘라의 독재자 마르코스 페레스 히메네스가 무너지자 큰 패닉에 빠졌고, 푼토 피호 협정 체결에 깊숙이 개입했다. 협정 체결 1년 전, 군사독재의 탄압으로 미국에 망명 중이던 로물로 베탕쿠르(AD), 라파엘 칼데라(COPEI), 호비토 비얄바(URD)는 뉴욕에서 미국의 정·재계 인사들을 만났다. 여기서 그들은 '미국의 석유 이권을 보장하고 공산당을 배제하겠다'는 약속을 하며 미국의 승인을 얻어냈다.

이 협정으로 인해 베네수엘라 정치는 사실상 민주행동당과 기독사회당의 보수 양당 체제로 급속하게 안정되었다. 군부 통치와 내전이 반복되던 중남미에서 이는 매우 이례적인 성과였다. 베네수엘라는 한동안 라틴아메리카 민주주의의 모범으로 불렸다.

하지만 푼토 피호 체제는 그 본질상 기득권 카르텔의 성격을 띠고 있었다. 새로운 정치세력의 진입은 사실상 차단되었다. 석유 자본과 정치 엘리트가 결탁했고, 결국 부패와 불평등이 구조화되었다.

균열 속에서 성장한 세대

니콜라스 마두로 모로스는 1962년 11월 23일, 베네수엘라 수도 카라카스 서쪽 외곽의 노동자 계층 거주지인 엘 바예에서 태어났다. 아버지 니콜라스 마두로 가르시아는 좌파 성향의 경제학자이자 저명한 노동조합 지도자였으며, 어머니 테레사 데 헤수스 모로스는 베네수엘라 국경에 인접한 콜롬비아 도시 쿠쿠타 출신이었다.

마두로는 우르바네하 아첼폴 중등학교에 입학하자마자 학생운동에 뛰어들었다. 중등학교^{Liceo}는 한국의 중학교와 고등학교 과정을 합친 것과 비슷한 5년제(7~11학년) 통합 학교를 의미한다. 마두로는 12세의 나이로 혁명 조직 '룹투라^{Ruptura}'에 몸을 담았다. 이 조직은 더글라스 브라보가 이끌던 지하조직 '베네수엘라 혁명당^{Partido de la Revolución Venezolana, PRV}'의 합법적인 대외 창구였다. 이러한 정치활동으로 인해 마두로는 학교에서 갈등이 발생해 호세 아발로스 중등학교로 전학해 활동을 이어나갔다.

청년기의 마두로는 '정치 조직원' 이미지에만 갇히지 않는다. 10대 시절 마두로는 야구 선수로서 메이저리그 스카우트 제의를 받을 만큼 뛰어난 재능을 보였고, 하드록 밴드 '에니그마'의 멤버로 활동하기도 했다. 당시 연주 모습이 지금도 유튜브에 남아 있을 만큼 그의 청년기는 역동적이었다. 하지만 그의 심장은 이미 혁명을 향해 뛰고 있었다.

1980년 마두로는 마르크스·레닌주의 조직인 사회주의 연맹^{Liga Socialista}에 가입했다. 조직에서 두각을 나타내던 마두로는 이후 연맹의 추천으로 쿠바로 건너가 1986년 10월부터 1987년 7월까지 니코 로페스 당 고등학교를 다니게 되었다. 이 학교는 정당·대중조직·국가의 정치 간부들을 대상으로 대학 수준의 교육을 제공하는 곳이다. 라틴아메리카와 아프리카 여러 나라의 혁명가들을 교육해온 학교이기도 하다. 마두로는 이곳에서 이념적 언어를 배우며 라틴아메리카적 시각을 갖추게 되었다.

카라카소 이후,
혁명을 준비한 장교들

1989년 2월 27일, 베네수엘라 역사를 뒤흔든 사건이 일어난다. '카라카소^{El Caracazo}' 사태다. 사망자 수가 3,500명에 이를 정도로 참혹한 사건이다.

　　1988년 대선에서 당선된 민주행동당 카를로스 안드레스 페레스는 취임 직후 IMF와 밀약을 맺고 '엘 파케테^{El Paquete}'라 불리는 가혹한 신자유주의 구조조정안을 발표했다. 외환 위기를 극복하겠다는 명목으로 각종 보조금이 철폐되고 유가가 하룻밤 사이에 100% 인상되면서, 대중교통 요금은 걷잡을 수 없이 올랐다.

　　2월 27일 아침, 요금 인상에 항의하다가 촉발된 시위와 소요 사태는 순식간에 카라카스 전역의 빈민가로 들불처럼 번졌다. 굶주림에 지친 사람들은 상점에 난입해 식료품을 가져가기 시작했다.

페레스 정부의 대응은 잔혹했다. 계엄령을 선포하고 군대를 동원해 거리의 시민들을 무참하게 사살했다. 민중은 대의 민주주의라는 허울 좋은 제도가 사실은 기득권의 이익을 방어하는 방패에 불과했다는 사실을 뼈저리게 깨달았다.

민중을 학살하라는 명령을 받았던 군 내부의 하급 장교들은 극심한 고뇌와 각성을 경험했다. 당시 이 처참한 광경을 목격한 진보적 장교들은 부패한 구체제를 타도하기 위해 본격적으로 움직이기 시작했다. 그 젊은 장교들 가운데 중심에 있던 인물이 바로 우고 차베스(1954~2013)다.

우고 차베스는 오늘의 베네수엘라를 만든 인물이다. 피델 카스트로와 더불어 현대 라틴아메리카 역사에서 가장 중요한 인물이며 지금의 니콜라스 마두로를 있게 한 결정적 계기를 제공했다. 서부 평원 지대인 바리나스의 가난한 시골 마을에서 자란 차베스는 등록금이 없고 숙식과 의복이 제공되는 사관학교에 진학했다. 하지만 급진적인 사상을 가진 차베스에게 군 생활은 녹록지 않았다.

1977년 10월, 23세의 소위^{second lieutenant} 우고 차베스는 동부 산악지대의 작은 초소 지휘관으로 있었다. 당시 그 지역에는 좌익 게릴라들이 활동하고 있었기 때문에 밤에 통행금지가 시행 중이었다.

어느 날 밤늦게 한 대령이 초소에 와서는 차베스 휘하 병사를 시켜 그 지역 농민을 야구 배트로 때리며 고문하고 있었다. 게릴라 조직원이라는 게 이유였다. 차베스가 고문 행위를 제지하고 병사를 쫓아내자 대령은 화를 냈다.

"자네 제정신인가?"

"전 제정신입니다. 도대체 여기서 이 '게릴라 투사'를 때리며 뭘 하고 계신 겁니까?"

그 남루한 차림의 농민은 나중에 인근에서 다른 남자들과 함께 사망한 채 발견되었다. 대령에게 살해당한 것이다. 이 광경을 목격한 차베스는 군을 떠나겠다고 결심한다. 그동안 상관들과 끊임없이 충돌했고, 여러 차례 체포되었으며, 말대꾸한다고 자주 징계를 받아 지쳤기 때문이었다.

그 후 안데스 대학 물리학 강사를 하던 형 아단 차베스를 만나 자신의 자초지종을 이야기하고 대학교에서 수업을 들을 수 있게 자리를 마련해달라고 부탁했다. 하지만 형은 오히려 군대에 남으라고 설득했다.

형은 자신이 더글라스 브라보와 함께 베네수엘라 혁명당에 있으며, 현역 군부대와의 협력 작업도 계획에 포함되어 있다고 설명했다. 당시 베네수엘라 혁명당은 비합법 정당으로 탄압을 받고 있었고 일부 당원들은 무장한 채 산악 지역에서 활동하고 있었다. 몇 주 후 차베스는 형의 소개로 더글라스 브라보를 만났다. 차베스는 그에게 영감을 얻어 민군民軍 합동 사업의 전망과 가능성에 주목해 군에 남아 활동을 이어가게 되었다.

하지만 좌익 게릴라 지도자인 더글라스 브라보에 대한 군 동료들의 인식이 너무나 부정적이어서 설득이 쉽지 않았다. 게다가 그의 수직적이고 독선적인 조직 운영 방식에 문제의식을 느꼈고 직업군인을 단지 혁명의 도구, 즉 무장 부대로만 간주하는 태도에 반감을 느꼈기 때문이다. 차베스는 결국 1982년에 군부 내에 혁명 조직을 독자적으로 구축하기 시작했다.

1982년 12월 17일, 공수부대 대위 차베스와 그의 동료 라울 바두엘, 헤수스 우르다네타, 펠리페 아코스타 카를레스는 역사적 명소인 '사만 데 구에레Saman de Güere' 밑에 모였다. 이 거대한 나무는 스페인 제국에 맞선 라틴아메리카의 독립 영웅 시몬 볼리바르(1783~1830)가 군대를 주둔시킨 곳이니만큼 의미 있는 장소였다. 그들은 1805년 로마의 몬테 사크로에서 젊은 시몬 볼리바르가 스승 시몬 로드리게스 앞에서 아메리카를 스페인으로부터 해방하겠다고 다짐한 맹세를 본떠 다음과 같이 선언했다.

나는 내 부모의 신을 두고 맹세한다. 나는 나의 조국을 두고 맹세한다. 나는 나의 명예를 두고 맹세한다. 내 팔에 휴식을 주지 않을 것이며 내 영혼에 안식을 허락하지 않을 것이다. 권력자들의 의지로 우리 민중을 억압하는 사슬을 우리가 끊어낼 때까지.

1983년 7월 24일, 차베스는 군 내부에 비밀조직 EBR-200^{Ejército Bolivariano Revolucionario, 볼리바르 혁명군}을 건설했다. '200'은 시몬 볼리바르 탄생 후 정확히 200주년이 되는 당일에 설립되었음을 기념한 숫자였다. 차베스는 가발을 쓰고 변장하거나 자동차 트렁크에 숨으면서 군 당국의 감시를 따돌리고 비밀리에 조직원들을 만나며 조직을 확대했다.

1989년 2월, 앞서 언급했던 카라카소 사태가 터졌다. 작전에 동원된 군인들은 민간인 학살에 대한 죄책감을 느낌과 동시에 정권의 하수인들에 의해 저질러진 참상을 목격했다. 군 내부에서 "현 체제를 바꿔야 한다"는 생각이 팽배해지자 EBR-200 가담자들이 폭발적으로 증가했다.

이후 민간인들도 EBR-200에 가담하기 시작하면서 조직명을 MBR-200^{Movimiento Bolivariano Revolucionario, 볼리바르 혁명운동}이라고 변경했다. '군대^{ejército}'에서 '운동^{movimiento}'으로의 전환은 이러한 변화를 강조하기 위한 것이었다.

1991년 7월, 차베스는 소령에서 중령으로 승진했고 곧바로 마라카이 주둔 공수부대 대대장 보직을 부여받았다. 정예 공수부대를 통솔하는 요직이었다. 이 인사는 해당 대대의 지휘관이 전역함에 따라 이루어진 것으로, 차베스가 그 공석을 이어받은 것이었다. 마라카이는 수도 카라카스에서 서쪽으로 비교적 가까운 도시로서, 차베스에게 있어 권력의 중심지와 접근성이 높아진 전략적

임지였다. MBR-200의 다른 주요 지도자들도 전투부대의 지휘관으로 임명되어서 봉기를 위한 강력한 수단을 확보할 수 있었다.

한편, 마두로는 1990년에 카라카스 지하철과 그 연계 버스 시스템을 운영하는 '메트로부스'에서 버스 운전사 일을 시작했다. 마두로가 소속된 사회주의 연맹은 베네수엘라의 주요 국영 기업 내부에 혁명적인 노동조합 세력을 구축한다는 전략을 마련하고 있었고, 마두로는 그 계획에 따라 현장에 투입된 것이었다.

1991년 8월의 어느 날 버스를 운전하던 마두로는 자신을 찾아온 친구 에세키엘을 발견했다. 중등학교 시절 이후로 오랫동안 보지 못했던 그는 마두로에게 "니콜라스, 내가 지금 정부에 맞서 봉기를 준비 중인 군부 세력과 접촉하고 있어"라고 말했다. 에세키엘은 군부 세력 측에서 노조 세력을 동원해달라고 요청해 왔다고 전했다.

차베스와 MBR-200의 구상은 반란이 일어나는 날, 민중이 거리로 쏟아져 나와 시민, 노동자, 병사가 함께 무장하는 '민-군 협력'이었다. 학살을 저지른 부패한 정부를 무장한 민중의 힘으로 타도하고 '제헌의회'를 소집해 새로운 헌법을 만들어 새 정부를 구성한다는 계획이었다.

하지만 군부 내부에 진보적인 세력이 있다는 걸 믿기 어려웠던 마두로는 의구심을 떨칠 수 없었다. 둘은 조만간 다시 연락하기로 하고 헤어졌지만, 그 후 한동안 연락이 닿지 않았다.

쿠테타 실패와
정치 혁명의 시작

1992년 1월 말, 차베스에게 콜롬비아 국경의 황폐한 작은 마을로
전출될 거라는 급박한 소식이 들려왔다. 더 이상 기다릴 수 없었
다. 차베스와 MBR-200 지도부는 전출 전에 행동을 개시하는 것
으로 결정했다. 그들은 준비에 박차를 가하면서 당시 스위스 세
계경제포럼 참석차 국외에 있는 페레스 대통령이 돌아오길 기다
렸다. 베네수엘라군의 2천 명이 넘는 병력에 공수부대와 기갑부
대 등 정예부대가 포함된 반란군은 1992년 2월 4일 화요일에 드
디어 행동을 개시했다.

　　당일 새벽, 마두로가 야간 노선 근무를 마치고 귀가했을
때 전화벨이 울렸다. 정부에 맞선 군사 봉기가 일어났다는 소식
이었다. 마두로는 또 대대적인 검거가 시작되겠다고 생각했다.

라틴아메리카에서 군사쿠데타는 대부분 우익의 소행이었기 때문이다. 아침이 되자 쿠데타 주동자가 발언할 것이라는 소식이 들려왔다. 그리고 TV 화면에 피부가 거무접접하고 마른 체격에 광대뼈가 도드라진, 붉은 베레모를 쓴 한 남자가 나타났다. 그는 이렇게 말했다.*

> 무엇보다 먼저, 베네수엘라 국민 여러분께 인사를 드립니다. 이 볼리바르 (운동에 관한) 메시지는 아라과 낙하산병 연대와 발렌시아 기갑 여단에 있는 용감한 병사들에게 향한 것입니다.
>
> 동지들! 유감스럽게도, 지금으로서는Por Ahora, 우리가 세웠던 목표들은 수도에서 달성되지 않았습니다. 즉, 우리, 여기 카라카스에서는 권력을 장악하지 못했습니다.
>
> 여러분은 그곳에서는 아주 잘 해냈습니다. 그러나 이제는 성찰할 시간입니다. 새로운 상황이 올 것입니다. 그리고 국가는 더 나은 운명을 향해 분명히 방향을 잡아야 합니다. 그러니 내 말을 들으십시오. 여러분에게 이 메시지를 전하는 차베스 사령관의 말을 들으십시오. 부디 숙고하고 무기를 내려놓으시기 바랍니다. 왜냐하면 이제, 참으로, 우리가 전국적 차원에서 세

* PSUV, 04 de febrero de 1992: Día del rescate de la Dignidad Nacional, Partido Socialista Unido de Venezuela, 2025.

운 목표를 달성하는 것은 불가능하기 때문입니다.

동지들! 이 연대의 메시지를 들으십시오. 여러분의 충성에 감사드리며, 여러분의 용기와 헌신에 감사드립니다. 그리고 저는 조국 앞에서 그리고 여러분 앞에서 이 볼리바르주 군사 운동의 책임을 집니다. 감사합니다.

2월 4일의 무장봉기는 비록 실패로 끝났으나 1분 남짓한 차베스의 짧은 연설은 TV를 통해 전국으로 생중계되어 베네수엘라 민중들의 뇌리에 깊이 각인됐다. 차베스가 사용한 '지금으로서는'이라는 표현은 패배를 영원한 끝이 아닌 '잠시 멈춤'으로 탈바꿈시켰다. 이는 베네수엘라 민중들에게 '언젠가 반드시 다시 돌아와 세상을 바꿀 것'이라는 강력한 희망의 메시지로 각인되었다.

당시 베네수엘라 정치는 부패와 책임 회피가 만연해 있었다. 그런데 TV에 나타난 젊은 중령이 '모든 책임은 자신이 지겠다'고 당당하게 말하는 모습은 시청자들에게 엄청난 충격과 신선함을 안겨주었다. 이 정직하고 용기 있는 태도는 그를 '민중의 영웅'으로 격상시키는 결정적 계기가 되었다. 차베스를 비롯한 쿠데타 주동자들은 투옥됐지만, 대다수 국민은 그들을 지지했다. 같은 해 11월 27일에 또 한 번의 쿠데타 시도가 있었다. 주모자는 에르난 그뤼버 오드레만 제독이었다. 하지만 이 쿠데타 또한 실패했다.

1993년 12월 16일에 마두로는 동료들과 함께 야레 교도소로 면회하러 갔다. 당시 차베스의 이야기에 큰 인상을 받은 마두로는 '이분이 가는 곳이라면 어디든 끝까지 함께하겠다'라고 다짐하게 되었다. 그때부터 마두로는 '베르데^{Verde}'라는 가명을 부여받고 임무 하나를 맡게 되었다. 몇몇 군 장교에게 직접 연락해 차베스의 메시지를 전달하고, 그다음에 휴대전화로 차베스와 다시 연락을 주고받는 역할이었다. 참고로 베르데는 '초록'이라는 뜻인데 신참이나 초짜를 의미하기도 한다.

민심을 잃은 학살자 카를로스 안드레스 페레스 대통령은 1993년 8월 공금횡령 및 유용을 사유로 의회에서 탄핵당했다. 1993년 12월에 벌어진 대통령선거에서는 푼토 피호 체제의 설계자인 라파엘 칼데라가 자신이 만든 기독사회당을 탈당 후 출마하여 대통령에 당선되었다. 칼데라는 1992년 2월 4일 당일 의회 연설에서 보수 정치인으로는 이례적으로 쿠데타의 배경에 공감하며 기존 정치 체제를 비판하는 발언을 했고, 이 연설은 대중에게 강한 인상을 남겼다. 이러한 정치적 행보는 그가 1993년 대선에서 당선되는 데 중요한 요인으로 작용했다. 칼데라의 저택 '푼토 피호'에서 보수 양당 체제가 시작되었지만, 아이러니하게도 그 자신이 체제의 마지막을 장식하게 된 셈이다.

1993년 대통령선거 득표율을 보면, 이전까지 선거 득표율을 양분하던 민주행동당과 기독사회당이 20% 대로 주저앉은 것을 확인할 수 있다. 1988년 대선에서 득표율이 0.37%에 불과했던 좌파 정당 급진대의당La Causa Radical, LCR의 비정상적으로 높은 득표율(21.95%)도 눈에 띈다. 1989년 카라카소 사태와 1992년 2월 4일의 군사 반란을 겪으며 베네수엘라 민중의 정치의식에 큰 변화가 일어난 것이다.

라파엘 칼데라Rafael Caldera (소속: 콘베르헨시아Convergencia) 30.46%
클라우디오 페르민Claudio Fermín (소속: 민주행동당) 23.60%
오스왈도 알바레스 파스Oswaldo Álvarez Paz (소속: 기독사회당) 22.73%
안드레스 벨라스케스Andrés Velásquez (소속: 급진대의당) 21.95%

급진대의당은 대선을 앞두고 감옥에 있는 차베스를 영입하려고 시도했으나 당시 차베스는 체제 내 선거로는 세상을 바꿀 수 없다며 거절했다. 차베스의 MBR-200 동지들은 곳곳에서 투표 기권을 권유하고 새 헌법을 만들 제헌의회를 소집해야 한다는 주장을 펴고 있었다. 선거 승리 후 대통령에 취임한 칼데라는 자신의 공약대로 1992년 쿠데타에 연루된 인물들을 석방했다. 차베스와 동료들은 1994년 3월 26일에 감옥을 나올 수 있었다.

차베스와 동지들은 MBR-200을 전국적인 정치조직으로 발전시키기 위해 노력했다. 곳곳을 돌아다니며 기층조직(뿌리조직)에서부터 시군, 광역, 전국 단위에 이르는 조직을 건설했다.

한편 MBR-200 내부에서는 비현실적인 봉기에 집착하기 보다는 선거에 참여할 필요가 있다는 목소리가 점점 힘을 얻고 있었다. 실제로 프란시스코 아리아스 카르데나스는 선거 기권 방침에 반대해 MBR-200을 탈퇴하고 급진대의당의 후보로 1995년 12월 선거에 출마해 술리아주 주지사로 당선되었다. 하지만 MBR-200 주류는 민주행동당과 기독사회당 같은 기성 정당의 부패에 신물이 난 사람들이라 자신들이 '정당'이 되어 선거에 참여한다는 사실 자체를 받아들이기 어려웠다.

1997년 4월 19일에 차베스와 MBR-200은 1998년 12월로 예정된 대통령선거 참여를 결정하게 된다. 당일 열린 MBR-200 전국 대회는 아수라장이었다. 선거 참여를 둘러싸고 군 출신과 민간 활동가, 급진 좌파와 현실주의자들 사이에서 격렬하게 충돌했고, 회의장은 고성과 야유로 뒤섞였다. 차베스는 그 자리에서 선거 참여를 '체제 순응'이 아니라 '사회적 고립과 역사적 소멸을 피하기 위한 불가피한 선택'으로 제시했으며, 결국 조직은 압도적인 찬성으로 선거 참여라는 합의에 도달했다.

그해 10월, MBR-200은 선거에 참여하기 위해 '제5공화국 운동Movimiento Quinta República, MVR'이라는 선거조직을 건설했다. 제5공화국 운동은 MBR-200 구성원뿐만 아니라 퇴역 군인, 민주공화연합URD의 옛 당원, 노동조합 활동가, 급진대의당의 전前 활동가, 농민, 민주행동당에서 전향한 이까지 다양한 사람을 포괄했다. MBR-200 내부에는 선거 시기에 그들의 이상과 지향을 공유하지 않은 새로운 동조자들이 MVR에 가입하는 것에 불안을 느끼는 이들도 있었다.

1998년에 본격적으로 선거운동이 시작되고 MVR을 중심으로 사회주의운동Movimiento al Socialismo, MAS, 모두를 위한 조국Patria Para Todos, PPT, 베네수엘라 공산당, 인민선거운동Movimiento Electoral del Pueblo, MEP 등 좌파 정당 그리고 시민사회단체들이 모여 선거 연합 '애국 기둥Polo Patriótico'을 구성했다. 대선 승리를 향한 퍼즐이 차곡차곡 맞춰지고 있던 것이다.

주류 미디어들은 차베스를 미치광이, 정신병자 취급했다. 차베스는 집에서 식사할 때도 군복을 차려입으며 식탁 상석은 항상 시몬 볼리바르를 위해 비워놓고 볼리바르를 위한 음식까지 차려놓는다고 했다. 심지어 전문 성우가 차베스 목소리를 흉내 내 제작한 가짜 영상을 퍼트리는 조작도 서슴지 않았다. 나라 전역에 '차베스는 반역자다'라고 적힌 전단을 수백만 장 뿌렸고, 카라카스 거리에는 '차베스 반역자'라는 붉은색 슬로건을 칠했다.

하지만 차베스의 지지율 상승은 그야말로 파죽지세였다. 1998년 1월에 6%였던 지지율은 7월에 무려 40%를 넘어섰다. 민주행동당과 기독사회당 지도부는 선거일을 일주일 정도 앞둔 시점에서 궁여지책을 꺼내 들었다. 기존 후보를 사퇴시키고, 양당 공동 후보로 엔리케 살라스 뢰메르를 내세운 것이다. 하지만 아무런 소용이 없었다. 1998년 12월 6일 대통령선거에서 차베스는 득표율 56.20%인 3,673,685표를 획득하며 당선됐다. 푼토 피호 체제가 저물고 새로운 시대가 도래하는 것을 알리는 신호탄이었다.

제헌의회와 제5공화국

마두로는 대통령선거가 있기 약 한 달 전(11월 8일)에 치러진 국회 의원 선거에 당선되어 친親 차베스 의원 그룹의 원내대표를 맡게 되었다. 하지만 마두로의 국회의원 임기는 그리 오래 가지 않았 다. 베네수엘라 국가의 틀을 뒤흔들 진정한 혁명, '제헌의회 소집' 의 순간이 다가왔기 때문이다.

제헌의회는 무엇일까? 헌법을 제정하는 의회다. 그러니 제헌의회를 소집하겠다는 것은 헌법을 제정하겠다는 의미다. 베 네수엘라는 이미 헌법이 있지 않은가? 한마디로 기존 헌법을 폐 기하고 새로운 헌법을 만들겠다는 의미다.

입법부·사법부·행정부 등의 정부 기구는 헌법에 그 존립 의 근거를 두고 있다. 그런데 헌법이 폐기된다면, 입법부·사법부·행정부 등은 그 존립 근거를 잃게 된다. 기껏 당선된 차베스도 더 이상 대통령이 아니게 되고, 마두로도 더 이상 국회의원이 아니게 되는 것이다.

판사, 검사도 모두 마찬가지다. 제헌의회를 통해 새로운 헌법이 제정되면, 그 헌법 조항을 토대로 새롭게 정부 기구를 구성해야 한다. 대통령선거와 국회의원 선거도 새로 치러야 하고, 법원과 검찰도 새로운 헌법을 기준으로 다시 구성해야 한다. 차베스는 기존 헌법이 수명이 다했으며 부패한 기득권층의 이익을 대변하는 도구로 전락했다고 비판하며, 전면적인 헌정 교체를 주장했다.

문제는 제헌의회를 소집하고 새 헌법을 제정하는 절차였다. 기존 헌법에는 개정 절차만 명시되어 있을 뿐, 새 헌법 제정절차는 규정되어 있지 않았기 때문이다. 차베스는 국민투표로 제헌의회 소집을 승인받겠다고 했지만, 반대파는 위헌이라고 강하게 비판했다. 격렬한 법적, 정치적 논쟁이 이어졌다.

차베스가 내세운 논리는 단순하면서도 급진적이었다. 헌법 위에 헌법을 만드는 권력이 존재한다는 것이었다. 바로 국민이다. 헌법은 국민이 만든 것이지, 국민이 헌법에 의해 만들어진 것이 아니기 때문이다. 그렇다면 국민은 헌법을 고칠 권리뿐만 아니라, 필요하다면 그 자체를 새로 만들 권리, 즉 '제헌권력'을 가진다.

이 논리에 따르면 문제의 핵심은 '기존 헌법이 새 헌법을 허용하느냐'가 아니다. 관건은 오직 하나, 국민이 원하느냐다. 제헌의회 소집 여부를 국민투표에 부치겠다는 발상은 그래서 등장했다. 헌법 위의 권력, 즉 국민주권을 직접 호출하겠다는 선언이었다. 제헌의회 소집을 묻는 국민투표가 위헌이라는 반대파의 주장은, 차베스의 논리 안에서 성립하지 않았다. 이미 헌법이 규정하는 범위를 넘어서는 사안이기 때문이다.

야권은 대법원에 25건에 이르는 이의를 제기했다. 하지만 1999년 1월에 대법원은 차베스의 손을 들어주었다. 차베스 측의 논리가 타당하다고 여긴 측면도 있겠지만, 제헌의회 소집을 요구하는 압도적 여론과 대규모 시위로 인해 감히 다른 판결을 내릴 엄두가 나지 않았던 것이다.

차베스는 1999년 2월 2일 취임식에서 기존 헌법에 손을 얹고 선서하며 "나는 이 '죽어가는' 헌법 앞에서 선서한다"고 말한 후 취임 당일 즉시 제헌의회 소집을 묻는 국민투표 절차를 개시하는 대통령령에 사인했다.

제헌의회 소집과 관련한 국민투표는 1999년 4월 25일 시행되었으며, 두 가지 사안을 물었다. 하나는 제헌의회 소집 자체에 대한 찬반이었고, 다른 하나는 차베스 대통령이 제안한 제헌의회 선출 방식과 규칙에 대한 찬반이었다.

투표에 참여한 유권자 가운데 약 92%가 제헌의회 소집에 찬성했고, 약 86%가 차베스 대통령이 제안한 방식에 찬성했다.

기권율은 약 63%로 상당히 높았는데, 이는 국민투표 자체를 위헌으로 규정한 야권이 조직적으로 투표 기권을 선택했기 때문이다. 그로부터 약 석 달 뒤인 1999년 7월 25일, 제헌의회 의원을 선출하는 선거가 치러졌다. 이 선거에서 차베스 진영은 131석 가운데 125석을 차지하는 압도적 승리를 거두었다. 야권은 불과 6석에 그쳤다.

1999년 8월 3일 제헌의회는 즉시 새 헌법 제정 작업에 들어갔다. 제헌의회 의원에 당선된 마두로는 정치참여위원회Comisión de Participación Política 위원장을 맡아 국민의 제안을 수집하는 활동을 총괄했다. 다채로운 색으로 칠해진 트럭은 전국을 누비며 국민에게 새 헌법을 만들어가기 위한 제안을 가져오라고 호소했다. 노동자, 농민, 교사, 사제, 원주민 모두 자신의 제안을 적은 종이를 들고 와 '제헌 우편함buzón constituyente'이라 이름 붙인 상자에 넣었다. 거리는 베네수엘라의 헌법을 써 내려가고 있었다.

이렇게 모인 편지, 냅킨, 문서, 종이, 작은 메모지 등을 분류하고 정리하는 업무는 시민참여위원회Comisión de Participación Ciudadana가 맡았는데 위원장 또한 니콜라스 마두로였다. 작업량은 실로 엄청났다. 마두로는 다음과 같이 회상했다.[*]

---

[*] Ana Cristina Bracho, 『Nicolas Maduro, presente y futuro』, Vadell Hermanos Editores, 2020.

우리에게는 3만 3천 개의 제안이 들어왔습니다. 타치라주 어딘가에 계신 할머니가 손으로 쓴 작은 메모지부터, 모든 대학 법학부에서 보내온 이만한 두께의 책자들까지 있었습니다. 거기서 바로 이 아이(파란 책자를 보여주며)가 태어난 것입니다. 바로 베네수엘라볼리바르공화국 헌법입니다.

같은 해 12월 15일, 국민투표에 부쳐진 새 헌법안은 71.78%라는 압도적 찬성으로 승인되었다. 새 헌법이 통과됨에 따라 기존 권력 기구는 해산되었고, 2000년 7월 30일 국가의 모든 공직자를 새로 선출하는 이른바 '메가 선거megaelecciones'가 실시되었다. 이 선거는 대통령을 비롯해 새로 구성된 단원제(기존에는 양원제였음) 국회의원, 주지사, 시장, 지방의회 의원 등 국가의 거의 모든 선출직 공직자를 한꺼번에 선출했다.

차베스는 다시 대통령선거에 출마해 59.76%의 득표율로 재선에 성공했다. 집권당 MVR은 국회의원 선거에서 165석 중 92석을 얻어 단독으로 과반(56%) 의석을 차지했다. 선거 연합 '애국 기둥'에 합류한 소수 정당의 의석까지 고려하면 압도적 다수를 차지한 셈이다. 1998년 국회의원 선거에서 MVR이 과반 의석에 크게 못 미쳤던 것을 감안하면 매우 큰 변화다. MVR 의석만으로 법안을 통과시킬 수 있게 되었기 때문이다.

만약 제헌의회 소집이 없었다면 입법과정에 어려움을 겪

었을 것이다. 제헌의회 선거(1999년 7월)와 헌법 국민투표(1999년 12월)에 이어 2000년 메가 선거까지 승리함으로써, 차베스 진영은 행정부와 입법부를 완벽하게 장악하며 이른바 '볼리바르 혁명'을 추진할 강력한 동력을 얻었다. 마두로 역시 다시 국회의원으로 선출되어 의정 활동을 이어나가게 되었다.

제5장

혁명과 반혁명의 각축전

석유와 권력을 둘러싼 전면전

5

5

불평등이 정조준한
49개의 개혁 법안

새로 제정된 헌법은 석유 자원의 국가 통제를 선언하고(제12·302조), 무상의료(제84조)와 무상교육(제103조)을 국민의 권리로 명시하며, 가사노동의 경제적 가치를 인정하는(제88조) 등 진보적인 내용으로 가득했다. 기득권 세력에게는 재앙이자 선전포고와 같았다. 하지만 선언적 문구가 가득한 헌법만으로 국가를 운영하는 수는 없는 노릇이다. 국제 유가는 매우 낮은 상황이었고 이전 정부의 방만한 재정 운용으로 곳간은 텅 비어 있었다.

1999년 초, 차베스가 마주한 현실은 참혹했다. 막대한 대외 부채, 저임금, 35%를 넘는 인플레이션, 거의 20%에 이르는 실업률 그리고 만연한 빈곤 상태였다. 첫 내각회의의 공기는 무거웠다. 국제유가는 배럴당 7달러까지 추락해 생산 단가조차 맞추기 힘들었고, 국고는 텅 비어 공무원 급여조차 줄 수 없는 파산 직전의 상태였다. 차베스는 이를 "미국의 전략에 말려들어 석유를 공짜로 넘겨주던 어리석은 정책의 결과"라고 말했다.

위기를 돌파하기 위해 그가 내놓은 처방은 혁명적이었다. 집권 한 달 만인 2월 27일, 그는 군대를 거리로 내보내는 '플란 볼리바르 2000'을 선포했다. 10년 전 민중을 학살했던 '카라카소'의 치욕을 씻어내듯, 군인들은 총 대신 연장을 들고 학교를 수리하고 식량을 배급했다. 이는 군대를 기득권의 방패에서 민중의 동반자로 재정의한, 베네수엘라식 '민군 협력'의 서막이었다.

2001년 11월에 차베스 대통령은 헌법의 가치를 구체화하는 49개의 중요한 개혁 법안을 통과시켰다. 그중에서 가장 중요한 법안은 역시 석유 자원을 다룬 탄화수소법이었다. 그동안 베네수엘라 석유의 과실은 대부분 미국의 석유 재벌, 그리고 이에 기생하는 베네수엘라 국내 자본가와 관료에게만 돌아가고 있었다. 이 법은 그러한 불평등 구조를 바꾸는 시도였다.

탄화수소법을 살펴보면 원유를 땅에서 꺼내는 단계(1차 활동)에서는 국가가 지분 50% 이상을 보유한 국영 기업이 통제하고, 원유를 가공해 제품을 만드는 단계(정제·산업화)에는 100% 민간기업도 인허가를 통해 참여할 수 있도록 했다. 국가는 원유 생산량의 30%를 로열티로 취할 권리를 가졌다. 요컨대 원유가 땅속에서 지상으로 올라오는 순간까지는 국가가 책임지고 통제하되, 그 이후의 부가가치 창출 과정에서는 민간 자본과 기술의 참여를 배제하지 않는 구조였다. 중동 산유국들처럼 정제까지 국영 독점으로 묶는 방식에 비하면 훨씬 시장친화적인 접근이다. 하지만 그동안 1% 수준의, 있으나 마나 한 로열티로 베네수엘라 석유를 사유하며 꿀을 빨던 이들에게는 청천벽력과도 같은 법이었다.

탄화수소법을 포함한 49개의 개혁법을 제정하는 과정은 순탄치 않았다. 의회에서는 개혁 법안을 놓고 찬반 대립과 충돌이 계속되었다. 반대파 진영뿐만 아니라 친차베스 진영 내에서도 법안이 급진적이니 속도 조절이 필요하다며 반대하는 목소리가 있었다.

결국 의회에서 논의가 지지부진하자 차베스 대통령은 헌법 제203조에 명시된 수권법 권한을 발동해 직권으로 49개의 개혁법을 승인하고 공포하기에 이르렀다. 이는 국회 재적의원 5분의 3 이상의 찬성으로 대통령에게 한시적 입법권을 부여하는 제도다. 이미 2000년 11월에 1년 기한의 입법권을 확보했던 차베스는, 기한 만료 직전인 2001년 11월 2일 수권법 권한을 이용해 대통령령으로 49개 법안을 승인했다. 법안은 11월 13일에 관보에 게재되었다.

한 달 뒤인 12월 10일, 법안 통과에 항의하는 24시간 전국 총파업이 벌어졌다. 자본가 단체인 베네수엘라 상공회의소 연합Fedecámaras 과 베네수엘라 노동자 연맹Confederación de Trabajadores de

Venezuela,CTV이 공동으로 파업을 주도했다. 노동자와 자본가의 기묘하고 이례적인 연대처럼 보이겠지만, 베네수엘라 노동자 연맹은 구체제의 한 축인 민주행동당과 유착된 제도권 노조였으며, 좌파 진영으로부터는 오래전부터 '어용노조'라는 냉소 섞인 비판을 받아왔다.

갈등은 정권 내부로도 번졌다. 2002년 1월 24일, 내무장관 루이스 미킬레나가 사임했다. 그는 차베스에게 좀 더 온건하고 타협적인 노선을 권고했으나 받아들여지지 않았다. 차베스는 속도를 늦출 때가 아니라 오히려 국가 개혁을 밀어붙일 시기라고 판단했기 때문이다.

미킬레나의 이탈은 차베스에게는 엄청난 충격이었다. 그는 단순한 장관이 아니라 의회와 사법부에 엄청난 영향력을 가진 인물이었다. 그의 사임과 동시에 다수의 국회의원과 판사들이 그를 따라 차베스 진영을 이탈해 반대파에 합류했다.

국가 안의 국가 PDVSA와
권력의 충돌

차베스가 임명한 베네수엘라 국영석유회사 PDVSA 대표 과이카이푸로 라메다 또한 탄화수소법에 공개적으로 이의를 제기했다. 차베스는 PDVSA가 국가 위에 군림하려 한다고 비판하며 라메다를 해임하고 진보 경제학자인 가스통 파라를 새로운 PDVSA의 대표로 임명했다. 라메다는 곧바로 반대파에 합류했다.

　　PDVSA는 한때 '국가 안의 국가'로 불렸다. 명목상으로는 국영기업이었지만, 실제로는 정부의 통제 밖에서 독자적인 권력과 논리를 가진 조직에 가까웠다. 석유 수입이 국가 재정의 절대적 비중을 차지하는 구조 속에서, PDVSA는 예산 운용, 투자 결정, 인사, 심지어 외교적 접촉에 이르기까지 광범위한 자율성을 누렸고, 그 결과 민주적으로 선출된 정부보다 더 강력한 영향력을 행사하는 기형적 구조가 형성되었다.

이 시기의 가장 큰 문제는 석유 수익이 국가 전체의 공공
정책으로 연결되지 않았다는 점이었다. PDVSA는 자신을 '기술
관료적 기업'으로 규정하며 정치로부터의 독립을 주장했지만, 실
제로는 정부의 통제에서 벗어난 채 극소수 엘리트에 의해 운영되
었다. 석유 수익은 복지, 공공서비스, 산업 다각화로 체계적으로
환원되기보다는, PDVSA 및 관련 기업의 고임금 구조와 해외투
자 그리고 불투명한 재정 운용 속에서 흡수되었다. 국가는 석유
를 가지고 있었지만, 석유의 열매를 통제하지는 못하는 역설적인
상황이었다.

또 다른 문제는 주권의 왜곡이었다. PDVSA는 국제 석유
시장과의 관계를 앞세우며, 국가의 정책목표보다 글로벌기업의
논리와 신뢰를 우선시했다. 이는 석유를 국가전략 자산이 아니라
시장 상품으로 다루는 태도로 이어졌고, 정부가 가격정책이나 생
산전략에 개입하려 할 때마다 '정치적 간섭'이라는 명분으로 저
항이 발생했다. 결과적으로 국가의 핵심 자원이 민주적 결정 과
정이 아닌 기업 내부의 판단에 좌우되는 구조가 고착되었다. 이
러한 상황에서 PDVSA는 더 이상 단순한 공기업이 아니었다. 그
것은 국가 재정의 혈관을 쥔 채, 선출 권력과 병렬적으로 존재하
는 또 하나의 권력이었다.

이런 상황에서 탄화수소법 제정은 PDVSA를 베네수엘라

국민의 권익을 위해 봉사하는 진정한 국영회사로 거듭나게 하려는 시도인 동시에 기득권 세력의 이익을 확실하게 침해하는 조치였다. 석유 회사 지배자들과 엘리트층은 심각한 위기감을 느꼈고 차베스 진영 내부의 균열을 보며 정부를 전복할 쿠데타를 준비하기 시작했다.

차베스 찬성과 반대 양측은 각각 베네수엘라 역사에서 볼 수 없던 대규모 인파를 집결시키며 친정부 집회와 반정부 집회를 벌였다. 반대파 일색인 주류 언론매체는 노골적으로 반란을 선동하기 시작했다. 정치엘리트, 재계 인사, 어용노조 지도자, 언론 사주, 가톨릭 교계 인사, 군부가 한통속이 되어 차베스를 끌어내릴 쿠데타 준비에 들어갔으며 미국이 막후에서 그들을 지원하고 있었다. 2004년 기밀 해제된 CIA 문건에 따르면, 미국 정보 당국은 야권이 군부 내 불만 세력과 결탁해 차베스를 체포하고 임시 정부를 구성하려 한다는 구체적인 계획을 이미 수개월 전부터 파악하고 있었다.

미국이 우고 차베스를 적대시했던 배경에는 이념적 갈등 이전에 '석유'라는 거대한 이권이 얽힌 물리적·역사적 하부구조가 자리 잡고 있었다. 오랜 기간 베네수엘라를 미국의 저렴한 '에너지 공급처'로 묶어두었던 수탈 구조가 차베스라는 거대한 암초를 만난 것이다. 이 결속의 뿌리는 20세기 초로 거슬러 올라간다. 1910~20년대 고메스 독재정권 시절부터 미국 석유 자본은 베네수엘라의 석유를 헐값에 사실상 장악했다. 당시 기술과 자본이 없던 베네수엘라의 유전 개발은 미국 사양에 맞춰 이식되었고, 이때부터 양국의 경제는 하나의 거대한 혈관처럼 연결되었다.

1970년대 오일쇼크의 충격 이후, 미국은 1980~90년대 내내 에너지 안보를 국가전략의 핵심과제로 유지하고 있었다. 1970년대 초를 정점으로 미국 내 고품질 경질유 생산량이 감소하자, 미국은 수입 원유에 대한 의존도를 높일 수밖에 없었다. 이 과정에서 상대적으로 값싼 베네수엘라산 중질유·초중질유가 중요한 공급원이 되었고, 이 원유를 고부가 연료로 전환하기 위해 미국 석유 회사들은 1980~90년대에 걸쳐 멕시코만 연안을 중심으로 대규모 설비투자를 단행했다. 그들은 무거운 중질유 분자를 강제로 쪼개는 '코킹'과 '수소화 분해' 설비를 멕시코만 연안에 대거 구축했다.

차베스 정부가 탄화수소법을 제정해 석유 주권을 선언하고 로열티를 인상한 조치는, 미국 석유 자본에게는 베네수엘라산 중질유·초중질유 가격 상승으로 인해 이윤 일부를 빼앗기는 불편한 상황으로 인식되었다.

이러한 긴장 관계는 베네수엘라 내부의 법·제도 개편에만 그치지 않았다. 차베스는 석유 주권을 국내에만 국한하지 않고, 이를 국제질서의 문제로 확장했다. 그가 주목한 무대가 바로 OPEC이었다. 1990년대 내내 OPEC은 사실상 무력화된 상태였다. 회원국들은 쿼터를 지키지 않았고, 과잉생산은 상시화되었으며, 유가는 배럴당 한 자릿수까지 추락했다.

차베스는 이 질서를 정면으로 뒤집었다. 그는 베네수엘라의 감산을 출발점으로 삼아, 사우디아라비아를 비롯한 주요 산유국 정상들을 직접 설득하며 OPEC의 집단적 행동을 복원하려 했다. 2000년, 25년 만에 OPEC 정상회의가 베네수엘라 수도 카라카스에서 소집된 것은 그 상징적 결과였다. 감산 합의와 쿼터 준수는 유가를 빠르게 회복시켰고, 이 변화는 단순한 유가 상승 이상의 의미를 지녔다.

차베스 정부는 미국의 시각에서 단순히 '석유를 비싸게 만든 정권'이 아니라, 석유를 더 이상 미국이 통제할 수 없게 만든 정권이었다. 탄화수소법을 통한 국내의 주권 회복과 OPEC을 통한 국제적 연대 강화는 하나의 방향을 가리키고 있었다. 베네수엘라는 더 이상 값싼 에너지 공급처로 머무르지 않겠다는 선언을, 국내법과 국제외교를 통해 동시에 밀어붙이고 있었던 것이다. 바로 이 지점에서 미국의 불만은 기업의 손익계산을 넘어, 전략적 위협 인식으로 전환되었다.

대통령궁으로 향한 쿠데타

2002년 4월 7일 일요일, 우고 차베스 대통령은 정례 방송 〈알로 프레시덴테Aló Presidente, 안녕하세요, 대통령님〉에 출연해 생방송 카메라 앞에서 PDVSA 임원들의 이름을 하나씩 호명하며 즉각적인 해임을 선언했다. 당시 PDVSA 경영진은 공개적으로 정부 정책에 반기를 들고 있었다. 베네수엘라 상공회의소 연합과 베네수엘라 노동자총연맹은 곧바로 4월 9일에 총파업에 돌입했다.

    4월 11일 목요일 이른 아침에 차베스 반대파의 대규모 집회가 시작되었다. 차베스의 사임을 요구하던 시위대는 PDVSA의 본사가 있는 곳까지 행진하려던 원래의 계획과 달리 갑자기 미라플로레스 대통령궁으로 방향을 틀었다. 그곳에는 차베스 지지자들이 대규모 집회를 열고 있어 자칫 물리적 충돌이 예상되는 상황이었다. 유혈 사태를 조작해 군의 개입을 정당화하려는 반대파 측 계획의 일환이었다.

　양측 시위대가 맞닥뜨린 장소는 라구노 고가도로 인근이었다. 국가 경비대와 함께 양측 시위대 사이에서 완충 역할을 하던 카라카스시 경찰이 갑자기 총격을 가하기 시작했다(당시 카라카스 시장은 반대파인 알프레도 페냐였다). 그와 동시에 주변 건물 옥상에 배치된 정체불명의 저격수들이 고가도로 주변 시위대를 향해 조준사격을 가했다. 양측의 시위대를 비롯해 인근 행인들과 언론사 기자들을 포함해 사상자가 속출했다.

　언론은 차베스 지지자들 그리고 차베스의 지시를 받은 군대가 반정부 시위대에 발포해서 벌어진 참극이라며 차베스가 책임을 지고 사퇴해야 한다는 보도를 끊임없이 내보냈다. 텔레비전에서는 차베스 지지자 측이 대응 사격하는 장면을 증거라도 제시하듯 되풀이해서 방영하고 있었다. 네스토르 곤살레스 장군을 비롯한 여러 장성이 텔레비전에 출연하여 대통령의 하야를 요구했다. 당시 스페인 CNN 취재진이었던 오토 노이슈탈트는 총격 사태가 벌어지기 이전에 이들이 이미 사망자를 언급하는 발표 영상을 녹화하는 장면을 현장에서 목격했다고 밝혔다. 잘 짜여진 각본인 것이었다. 설상가상으로 차베스 지지파 장교들은 티우나 요새에 감금되어 있었다. 쿠데타 세력 장성들이 상황 대처를 논의한다는 명목으로 주요 지휘관들을 소집한 후 건물을 장악하고 통신을 차단한 것이다.

차베스는 텔레비전 연설을 통해서 사태를 반전시키고자 했지만 민간 텔레비전 방송국들은 비협조적이었다. 차베스는 대통령 관저를 경비하던 소수의 병력과 함께 고립되었다. 차베스는 전투복으로 갈아입고 그의 상징인 붉은 베레모를 착용한 뒤에 총을 집어 들었다. 쿠바에서 카스트로가 전화를 걸어온 시간은 대략 자정쯤이었다. 카스트로는 1970년대에 칠레에서 사회주의자 아옌데 대통령이 쿠데타로 사망한 일을 떠올리며, 차베스에게 승산 없는 싸움에 자신을 희생하지 말라는 충고를 전해왔다.

위엄을 갖고 협상하고 자신을 희생하지 말게. 이것이 끝이 아니기 때문이네. 절대 자신을 희생하지 말게나.

이러한 절망적인 상황에서도 핵심 전력을 보유한 마라카이^{maracay}의 지휘관들은 흔들리지 않았다. 차베스와 '사만 데 구에레'에서 맹세를 함께했던 제42공수 여단장 라울 바두엘 대령은 쿠데타 세력의 명령을 정면으로 거부했다. 바두엘의 강력한 영향력 아래 있던 마라카이의 정예 기갑부대 또한 대통령의 사임 증거를 요구하며 출동을 거부한 채 반격의 기회를 엿보고 있었다.

차베스는 티우나 요새에 모여 있는 쿠데타 수뇌부에 조건부 사임안을 제시했다. 하지만 헌법에 따른 적법한 사임 절차를 요구했던 차베스의 제안은 거부되었다. 쿠데타 측에서는 차베스의 무조건 사임을 요구하는 최후통첩을 전해왔다.

쿠데타 세력은 4월 12일 새벽을 기해 대통령궁에 전차포 사격과 공중폭격을 가할 것이란 위협을 가해왔다. 차베스는 자신이 제출한 조건부 사임안을 철회하고 어떠한 사임 문서에도 서명하지 않는다고 결정했다. 하지만 대통령궁에서의 무의미한 저항은 인명 피해만 발생하고 비극으로 끝날 가능성이 높았기 때문에, 차베스는 그들의 요구대로 쿠데타 수뇌부가 있는 티우나 요새로 갔다.

그곳에서 쿠데타 주동자들은 국가 혼란의 책임을 이유로 들면서, 참석자 전원의 이름으로 차베스의 사퇴를 요구했다. 하지만 차베스는 사임서에 서명을 거부했다. 당시 언론에서는 차베스가 이미 대통령직에서 사임했고 민주주의가 회복되었다는 뉴스가 나오고 있었다.

감금된 방에서 텔레비전을 시청하던 차베스는 잘못된 정보가 유포되고 있음을 알았다. 이러한 오보는 그대로 외국으로 전송되고 있었다. 난국을 돌파할 수 있었던 시발점은 운 좋게도 차베스가 딸 마리아 가브리엘라 차베스와 나눈 통화였다. 차베스는 딸에게 외국으로 정확한 사실이 전달될 수 있도록 해야 하며 자신이 사퇴하지 않았고 심각한 살해 위협에 처해 있다고 전했다. 차베스의 아내 마리사벨은 CNN과 접촉이 이루어졌고 딸 가브리엘라는 쿠바 아바나에 있는 피델 카스트로와 전화 통화를 해 정확한 사실을 알렸다. 아침이 되자 베네수엘라의 진정한 상황이 CNN과 라디오 아바나를 통해 세계 전역으로 송출되기 시작했다.

4월 12일 금요일 오후, 상공회의소장인 페드로 카르모나가 임시 대통령으로 취임했다. 그는 국회와 대법원의 기능을 정지시키고 '베네수엘라 볼리바르 공화국'이란 국명에서 '볼리바르'를 떼버렸다. 49개 개혁 법안의 무효 선언과 함께 앞으로 더 이상 쿠바로 석유를 보내는 일 따위는 없을 것이라 발표했다. 그는 차베스가 대통령이 되기 전의 상태로 모든 것을 되돌리고 있었다.

카르모나는 새로운 내각을 발표했으며 탄화수소법에 반대했던 전력을 지닌 콰이카이푸로 라메다가 PDVSA의 대표로 다시 임명되었다. 하지만 카르모나가 자신과 가까운 사람들만 요직에 등용하자 쿠데타 세력 내부에서 불만이 터져나왔다. 이런 과격하고 편파적인 조치는 쿠데타를 지지한 장교들에게조차 인기가 없었다.

거리에는 수십만 명의 차베스 지지자로 가득 찼다. 반대파인 카라카스 시장 알프레도 페냐가 지휘하는 카라카스 경찰이 이들을 막기 위해 실탄을 발포하면서 수십 명의 사상자가 발생했고 내전을 걱정해야 하는 상황으로 치닫고 있었다. 쿠데타 세력은 내전을 감당할 자신이 없었다. 금요일 오후에 이미 분위기는 쿠데타 세력에게 불리한 방향으로 진행되고 있었다.

4월 12일 금요일 저녁, 차베스는 헬기로 투리아모 해군기지로 이송되었다. 국외로 추방될지 아니면 살해될지 알 수 없었다. 쿠데타 세력은 미국 외에도 식민모국인 스페인의 호세 아스나르 정부와 연락을 취하고 있었다. 양국 정부는 쿠데타 속보와 함께 카르모나 정부를 인정하는 취지의 성명을 발표했으나 미주기구Organization of American States, OAS 국가 대부분은 카르모나 정부를 공식 승인하지 않았다. 미국은 실망했다. 이후 알레이다 게바라 (체 게바라의 딸)와의 인터뷰*에서 차베스는 죽음 문턱까지 갔던 투리아모 기지의 일을 이렇게 털어놓았다.

> 나는 죽음에 아주 가까이 다가갔습니다. 이 이야기를 하는 이유는 당신이 누구이기 때문만이 아니라, 내가 완전히 솔직해지고 싶기 때문입니다. 쿠데타가 벌어졌던 2002년 4월 12일 자정 무렵, 그들은 해변에서 나를 처형하려 했어요. 명령은 '해 뜰 무렵이면 그는 시체가 되어 있어야 한다'는 것이었습니다. 나는 손에 십자가를 쥐고 있었습니다. 그리고 그리스도와 체 게바라를 떠올렸죠. 나는 정신이 오염된 아이들, 기관총으로

---

* Aleida Guevara, 『Chavez: Venezuela and the New Latin America』, 56-57, Ocean Press, 2005.

무장한 군인들과 용병들에게 둘러싸여 있었습니다. 그들 중 한 명이 내 뒤로 다가왔고, 나는 그가 내 등을 향해 총을 쏘려 한다고 생각했습니다. 그래서 나는 몸을 돌려 그의 눈을 똑바로 바라보았어요. 그 순간 체 게바라가 떠올랐습니다. 라 이게라 마을의 작은 학교, 바로 그곳에서였죠. 나는 스스로에게 말했습니다.

"너는 서서, 남자답게 죽을 것이다."

다행히 그 사건은 군사적 상황 때문에 내 죽음으로 이어지지는 않았습니다. 그때 헬리콥터 한 대가 날아왔습니다. 파도는 거칠게 부서지고 있었고, 별은 빛나고 있었으며, 사람들은 나를 향해 조준한 채 서 있었습니다. 나는 죽을 준비가 되어 있었습니다. 그런데 갑자기 나를 감시하던 젊은 병사들 가운데 한 명이 소총을 든 채 이렇게 말했어요.

"만약 우리가 대통령을 죽인다면, 우리 모두 죽을 거야. 그는 베네수엘라의 대통령이야."

그 말과 함께 혼란이 터져 나왔고, 그때 나는 주도권을 되찾았습니다. 나는 말했습니다.

"진정하게, 진정해. 자네들은 나의 부하들일세."

나는 그들과 대화를 시작했고, 결국 그들의 협조를 얻어 상황을 통제할 수 있었습니다. 나는 이렇게 말했습니다.

"듣게, 나는 포로네. 나를 포로로 대하게. 하지만 내가 대통령이라는 사실을 명심하게."

그래서 그들은 나를 데려갔고, 우리는 거의 모두 잠시 잠을 잤습니다. 나는 말했습니다.

"내일은 새로운 날이 될 것이네. 무슨 일이 일어날지 지켜보세. 하지만 부디 침착하게. 이곳에서 서로를 죽이는 일은 없어야 하네.

4월 13일 토요일 아침, 차베스는 투리아모 기지의 젊은 장교로부터 외부 상황에 대해 간략한 설명을 들을 수 있었다. 라울 바두엘 공수부대 사령관은 여전히 마라카이를 장악한 채 새로운 대통령인 카르모나의 명령을 거부하고 있으며 민중들이 거리로 뛰쳐나오고 있다는 소식이었다. 차베스는 자신을 감시하고 있던 군인들에게 자신이 베네수엘라의 대통령이란 사실을 주지시켰다. 자신은 결코 사임한 적이 없으며 그들에게 현명하게 판단해서 행동할 것을 주문했다. 다행히도 그들은 차베스에게 우호적이었다. 차베스는 '나는 사임하지 않았다'라는 취지의 짧은 메모를 남겼고, 이 메시지를 한 병사가 팩스를 이용해 기지 밖으로 전송해 반격의 불씨가 되었다.

13일 토요일 낮에 쿠데타 수뇌부는 차베스를 더욱 철저하게 격리하기 위해 헬기로 근해의 작은 섬 라 오르칠라로 이송했다. 이곳에서도 쿠데타 측은 차베스에게 끊임없이 사임서에 서명

할 것을 강요했다. 미국 정부에서 차베스가 서명한 사임서를 요구했기 때문이었다. 미국 정부는 이 사임서를 받는 즉시 언론과 외신에 공개해서 쿠데타를 정당화할 계획이었다.

임시 대통령을 자처한 카르모나는 언론 사주와 편집장들을 소집했다. 수세에 몰린 상황에서 이들의 더욱 많은 지원이 필요했기 때문이다. 하지만 그들이 회동을 위해 대통령궁에 모인 그 순간에도 이미 거대한 차베스 지지자들이 대통령궁을 포위하고 있었다. 잠시 후 그들은 공수부대 지휘관 바두엘이 마라카이에서 봉기를 일으켰다는 뉴스를 들었다.

대통령궁 건너편 건물에 주둔하고 있던 부대 지휘관인 헤수스 모라오 카르도나 대령은 때맞춰 휘하 병력에게 대통령궁을 장악할 것을 명령했다. 모라오 대령의 부대는 대통령궁으로 연결된 지하 비밀통로를 빠져나와 카르모나의 협력자들을 체포했다. 잔당들은 몸을 피해 군중 속으로 사라졌다. 카르모나는 쿠데타 군부 세력과 합류하기 위해 티우나 요새로 달아났다.

티우내 요새에서의 상황도 쿠데타 측에게 불리하게 돌아갔다. 이곳 역시 수천 명의 차베스 지지자들이 에워싸고 대통령의 복귀를 요구하고 있었다. 하지만 민간방송은 사주들의 지시로 이런 사실을 취재하지 않았고 뉴스 보도에서 완전히 배제했다. 그저 만화영화나 한물간 영화들을 틀어줄 뿐이었다. 이때 기지 밖에 운집한 군중에게 호소하기 위해 나온 사람은 호르헤 가르시아 카르네이로 장군이었다. 그는 탱크 위로 올라가 확성기를 들고 군부는 쿠데타 정부와 카르모나를 군의 최고 통수권자로 인정할 수 없으며 차베스의 복귀를 위해 모든 노력을 아끼지 않을 것이라고 선언했다.

　　베네수엘라 전역에 산재한 병영 주변은 차베스를 지지하는 군중으로 가득했다. 차베스를 지지하는 빈민들과 군인들은 신속하게 결합할 수 있었다. 쿠데타 수뇌부와 대책을 마련 중이던 카르모나는 13일 오후 7시경에 쿠데타 측 군인들과 함께 체포되었다. 카르모나의 죄명은 '공화국의 헌법을 파괴한 죄'였다. 이로써 카르모나의 24시간 동안의 짧은 대통령 상황극은 막을 내렸다.

　　4월 13일 밤, 라울 바두엘은 차베스 대통령을 구출해야 할 시점이 왔다고 판단했다. 마라카이에 주둔하고 있는 42공수여단 소속 헬기 3대에 나누어 탄 공수부대 병력이 차베스를 구출할 목적으로 라 오르칠라 섬으로 파견되었다. 차베스는 이튿날인 4월 14일 새벽 3시 45분경 수많은 군중과 군인들의 환호를 받으며 대통령궁인 미라플로레스로 무사히 복귀했다. 차베스는 자신을 환영하는 수많은 인파를 상대로 이렇게 외쳤다.

민중이 역사를 만들었습니다El pueblo hizo historia.

석유 파업과
국가 권력의 재편

2002년 4월 반대파의 쿠데타 시도는 실패했다. 차베스는 혼란스러운 상황을 진정시키기 위해 자신이 해임한 PDVSA 임원들을 복귀시켰고, 좌익 게릴라 출신이면서도 실용적이고 유연한 석유 전문가 알리 로드리게스를 PDVSA의 신임 대표로 임명했다.

반대파는 차베스의 이러한 유화 제스처를 자신들의 공세에 밀린 후퇴로 인식해 주저 없이 추가적인 행동에 나섰다. 그들은 그해 12월 2일을 기해 석유산업을 완전히 멈춰 세우는 파업을 감행했다. PDVSA를 완전히 정지시키는 게 목적이었다. 베네수엘라의 경제를 파탄으로 내몰아 차베스를 몰아내려는 의도가 깔린 정치 파업이었다. 슬로건은 '차베스 없는 크리스마스^{Navidad sin Chávez}'였다.

파업의 초반 기세는 매서웠다. 베네수엘라의 생명 줄인 원유 생산량은 하루 300만 배럴에서 불과 수만 배럴 수준으로 곤두박질쳤고, 수출은 사실상 중단되었다. 주유소에는 기름을 넣으려는 차들이 끝도 없이 늘어섰으며, 취사용 가스마저 끊겨 시민들은 나무로 불을 때서 요리해야 했다.

반대파는 경제가 이 정도로 파탄 나면 군부가 다시 개입하거나 차베스가 스스로 권좌에서 내려올 것이라 확신했다. 하지만 그들은 자기만의 시야에 갇혀 꿈틀대는 거대한 민심을 제대로 보지 못했다. 차베스는 2004년 인터뷰에서 당시 상황을 이렇게 증언했다.[*]

힘겨웠던 어느 날 오후, 나는 동지 몇 명에게 언덕 위에서는 무슨 일이 벌어지고 있는지 직접 보고 싶다고 말했습니다. 그래서 우리 몇 사람이 함께 올라갔습니다. 거리에는 많은 움직임이 있었고, 사람들은 쌀을 구하고 있었으며 바나나 몇 개라도 찾으려 애쓰고 있었어요. 우리가 걸어 다니자 사람들이 인사를 건네기 시작했습니다. 나는 그들과 이야기를 나누며 안부를 묻고 있었는데, 그때 한 나이 든 흑인 여성이 내 손을 붙

---

* Aleida Guevara, 『Chavez: Venezuela and the New Latin America』, 16-17, Ocean Press, 2005.

잡고 나를 끌어당기며 말했습니다.

"이리 와요, 차베스!"

그녀와는 실랑이를 벌일 수가 없었어요.

"이리 와요, 차베스. 나를 따라와요. 내 집을 보여주고 싶어요."

우리는 몇 개의 계단을 올라갔고, 그곳에서는 사람들이 장작 불 위에 올린 냄비에서 쌀과 감자, 플랜틴(요리용 바나나)을 요리하고 있었습니다. 그 노파는 내 눈을 똑바로 들여다보며 내 옷깃을 움켜쥐고 말했습니다.

"차베스, 우리 집에는 의자도 없어요. 저 장작은 침대 다리를 뜯어낸 거예요. 가구도 태우고, 지붕도 태우고, 문짝까지 부숴서 불을 때며 요리할 거예요. 하지만 차베스, 절대로 물러서면 안 돼요."

애초에 반대파의 계산에는 치명적인 오산이 있었다. 차베스는 4월 쿠데타 때와는 달리 이번에는 결코 물러설 생각이 없었다. 그는 이 파업을 '석유 쿠데타'이자 국가에 대한 반역으로 규정하고 정면 돌파를 선언했다. 군병력을 투입해 유조선을 탈환하고 설비를 가동하는 한편, 파업에 동참하지 않은 하급 노동자들과 은퇴한 기술자들을 불러 모아 현장에 배치했다.

차베스는 반대파의 행위를 단순한 파업이 아닌 '국가적 테러'로 규정했다. 실제로 재가동 과정에서 충격적인 사보타주가

적발되었다. 반대파 기술자들이 떠나기 전, 보일러의 온도 상한 설정을 섭씨 600도에서 800도로 조작해둔 것이다. 이는 설비 가동 시 대규모 폭발을 유도해 인명 살상과 국가 기반 시설 파괴를 노린 명백한 범죄였다. 이러한 구체적 증거들은 차베스가 이후 파업 가담자 1만 8천 명을 단호하게 해고할 수 있었던 강력한 도덕적·법적 명분이 되었다.

반대파의 예상과 달리 멈췄던 설비가 재가동되고 유조선이 드나들기 시작하자 파업 대오는 급격히 흔들렸다. 국가경제에 악영향을 끼친다며 파업에 대한 비난 여론이 들끓었다. 결국 두 달 넘게 이어진 파업은 2003년 2월 초 동력을 잃고 무너졌다. 차베스 정부는 해당 파업을 불법으로 간주했으며, 무단결근, 직무 유기, 고의적 기물 파손 및 위해 등을 근거로 PDVSA 전체 노동자 4만 명의 거의 절반에 가까운 1만 8천 명을 해고했다. 이런 조치를 통해 PDVSA 내 기득권 세력을 청산하고 국영기업에 대한 행정적 통제권을 구축했다.

이 '석유 파업의 패배'는 베네수엘라 현대사의 결정적인 분수령이 되었다. 파업의 실패로 반대파는 궤멸적인 타격을 입은 반면, 차베스는 그간 독립된 성역으로 군림하던 PDVSA의 진정한 국유화를 단행했다.

미시온과 정치적 정당성

석유에서 나오는 막대한 자금의 물줄기가 빈민층을 위한 사회복지 프로그램인 '미시온misión'으로 흘러 들어가게 되었다. 미시온은 단순한 복지정책을 넘어, 기존의 관료 체제로는 도달할 수 없었던 사회의 가장 낮은 곳까지 국가의 온기를 직접 전달하려 했던 거대한 정치적·사회적 실험이었다. 그것은 단순히 시혜적인 복지를 베푸는 것이 아니라, 가난에 짓눌려 자기 목소리를 내지 못했던 민중을 역사의 주체로 다시 세우려는 시도였다.

차베스는 혁명의 기반이 깨어 있는 민중에게 있다고 보았고, 그 깨어남의 시작은 바로 '읽고 쓰는 법'을 터득하는 것이었다. 쿠바에서 개발된 '요, 시 푸에도Yo, sí puedo, 나는 할 수 있다'라는 혁신적인 교육법을 도입한 이 프로그램은 단시간에 수백만 명의 문맹

자들에게 글자를 깨우쳐주었다.

　그 성과는 경이적이었다. 과거 베네수엘라에서 연간 문맹 탈출 인구는 약 1만 5천 명 수준이었으나, 미시온이 본격 가동된 2003년에는 불과 6개월 만에 100만 명이 읽고 쓰는 법을 익혔다. 평생 학교에 다닌 적이 없던 102세의 한 남성이 불과 7주 만에 읽고 쓰기를 익혔고. 아버지가 사망한 뒤 학교도 제대로 다니지 못한 8세, 10세, 12세의 남매가 읽고 쓰기를 배우고 눈물을 흘렸다. 이 거대한 문맹퇴치 사업에는 쿠바의 지원이 큰 역할을 했다.

　교육은 여기서 멈추지 않았다. 중등교육을 위한 '미시온 리바스', 그리고 대학 교육의 문턱을 없애버린 '미시온 수크레'가 톱니바퀴처럼 맞물려 돌아갔다. 가난 때문에 배움의 기회를 박탈당했던 산동네의 어린이, 청년, 노인, 노동자들이 눈을 반짝이며 이러한 무상교육 과정에 참가하게 되었다. 교육이 엘리트의 전유물이 아닌, 만인의 권리가 되는 순간이었다.

　미시온은 의료 분야에서도 두드러졌다. 베네수엘라 수도 카라카스의 산비탈 빈민가, 이른바 '바리오' 주민들에게 의사는 TV 속에서나 보는 존재였다. 여성들은 마룻바닥에서 아이를 낳았고, 아이들은 천식과 설사로 목숨을 잃었다.

　차베스는 이 문제를 해결하기 위해 쿠바와 손을 잡았다. 베네수엘라는 석유를 공급하고, 쿠바는 수만 명의 의사를 파견하는 이른바 '석유와 의사의 교환'이 성사된 것이다. '미시온 바리오

아덴트로misión barrio adentro, 빈민가 안으로'는 그렇게 탄생했다.

쿠바 의사들은 베네수엘라 의사들이 꺼리는 빈민가에 상주하며 주민들과 함께 먹고 자며 진료를 펼쳤다. 아픈 아이를 업고 먼 시내 병원까지 달려가다 길에서 포기해야 했던 부모들에게, 집 바로 옆에 상주하는 무상의료 진료소는 국가가 나를 지켜준다는 가장 강력한 실증이었다.

이 외에도 다양한 미시온이 시행되었다. 미시온 메르칼misión mercal은 국가가 식량을 직접 매입하여 유통 마진을 없애고, 빈민가 곳곳에 국영 슈퍼마켓을 세워 시중가보다 40~50% 저렴한 가격으로 기초 생필품을 공급했다. 미시온 부엘반 카라스misión vuelvan caras는 '노동을 통한 자립'을 목표로 했다. 실업자들에게 기술교육을 제공하고 이들이 '협동조합'을 결성할 수 있도록 자금을 지원하여, 자본주의적 고용관계를 넘어선 새로운 경제 모델을 실험했다. 미시온 사모라misión zamora는 대토지 소유주들의 유휴지를 몰수해 땅이 없는 농민들에게 배분함으로써 농촌의 불평등을 해소하려 했던 토지 개혁 프로그램이다.

차베스의 '미시온'들이 특별했던 또 하나의 이유는, 그것들이 기존의 정부 부처를 통해 시행되지 않았다는 점에 있다. 미시온은 보건부·교육부·노동부 같은 전통적인 행정조직의 하위 정책이 아니었다. 오히려 기존 국가기구와 나란히 작동하는 병렬적 구조에 가까운 형태로 설계되었다. 차베스는 관료 체계를 개혁해 활용하기보다는, 그 체계를 우회해 새로운 집행 경로를 만들어내는 방식을 택했다.

이 선택에는 분명한 역사적 배경이 있었다. 차베스가 집권했을 당시 베네수엘라의 관료제는 오랫동안 양당 체제 아래에서 굳어진 엘리트 중심 구조였고, 빈민층을 적극적으로 포괄하는 데에는 무능하거나 비협조적이었다. 차베스는 이러한 국가 장치를 '느리고, 저항적이며, 신뢰할 수 없는 기구'로 판단했다. 그래서 그는 정부 조직이 개혁되기를 마냥 기다리지 않았다. 대신 대통령 직속의 특별 조직과 국영석유회사 PDVSA 그리고 지역공동체 조직을 하나로 직접 연결하는 방식을 택했다. 석유 수익은 일반 예산 절차를 거쳐 각 부처로 분산되기보다는 PDVSA를 경유해 미시온으로 직접 흘러 들어갔다. 이는 의회의 예산 통제와 관료적 집행 과정을 대폭 단축하는 방식이었고, 그만큼 속도가 빨랐다.

집행의 말단 또한 전통적인 공무원 조직이 아니었다. 미시온은 빈민가와 농촌 곳곳에 이미 존재하던 지역공동체 조직, 주민 위원회, 자발적 활동가 네트워크를 통해 실행되었다. 교육에서는 이웃이 교사가 되었고, 의료에서는 주민들이 진료소의 운영을 함께 책임졌다. 국가는 위에서 명령을 내리는 존재라기보다, 자원과 권한을 내려보내는 촉매에 가까웠다. 이 과정에서 빈민들은 정책의 단순히 '수혜자'가 아니라, 미시온을 실제로 작동시키는 행위자로 등장했다.

　2002년 4월의 쿠데타, 11월의 석유 총파업이 모두 실패했지만 반대파에게는 아직 남은 카드가 있었다. 차베스 정부가 제정한 헌법의 특정 조항을 활용해 대통령을 끌어내리려는 시도였다. 바로 제72조다. 베네수엘라 헌법 제72조는 임기 절반이 지난 모든 공직자에 대해 유권자 20% 이상의 청구로 소환투표를 실시할 수 있도록 규정하고 있다. 이는 대의제 민주주의의 한계를 직접민주주의로 보완하려는 시도였으나, 반대파에게 정권을 흔들려는 정치적 도구로 활용되었다.

　반대파는 2003년부터 본격적인 서명 수집에 나섰다. 소환투표가 성사되기까지의 과정은 순탄치 않았다. 선거관리위원회는 반대파가 제출한 서명의 유효성을 엄격하게 심사했는데, 수백만 건의 서명 중 상당수가 무효 처리되거나 재확인 절차를 거쳐야 했다. 이 과정에서 투표 여부와 시기를 놓고 정부와 반대파 사이의 법적·정치적 공방이 1년 넘게 지속되었다.

　우여곡절 끝에 소환 국민투표는 차베스의 임기 반환점을 훌쩍 넘긴 2004년 8월 15일에 치러졌다. 투표 당일, 베네수엘라 전역의 투표소에는 기록적인 인파가 몰렸으며 투표 시간은 예정보다 몇 차례 연장되었다. 최종 개표 결과, 유효 투표의 약 59%가 차베스의 대통령직 유지에 투표했고, 소환 찬성은 약 41%에 머물렀다. 소환투표 승리 두 달 뒤 치러진 시장 및 주지사 선거에서는 차베스 진영이 22개 주 중 20개 주에서 승리하는 기염을 토했다.

반대파는 2004년 소환 국민투표와 지방선거를 거치며 선거를 통해 정권의 흐름을 되돌리는 게 어렵다는 인식을 공유하게 되었다. 문제는 그 인식이 '선거 자체를 거부하자'는 결론으로 수렴되었다는 점이었다. 2005년 12월 4일로 예정된 국회의원 선거를 앞두고, 주요 야권 정당들은 잇따라 선거 보이콧을 선언했다. 그들은 전자투표시스템의 불투명성과 선거관리위원회의 정치적 편향성 등 부정선거를 이유로 들었다. 선거 불참을 통해 국제사회에 베네수엘라 민주주의의 문제를 부각한다는 셈법이었다.

그러나 이 선택은 그들에게 치명적인 결과를 낳았다. 반대파의 집단적 불참 속에서 치러진 선거에서 차베스 진영은 국회 전체 의석을 차지했다. 단원제로 구성된 국회 167석이 모두 여당과 그 동맹 세력의 손에 들어가면서, 베네수엘라는 사실상 야당이 존재하지 않는 의회를 갖게 되었다. 반대파의 기대와 달리 선거 결과에 대한 정당성은 훼손되지 않았으며, 제도 정치의 공간은 완전히 차베스 진영의 통제 아래 놓였다.

제6장

결투장으로 변한 서반구

먼로 독트린의 통제 대 해방자 볼리자르의 꿈

6

21세기 볼리바르와
다층적 통합전략

중남미 역사에서 시몬 볼리바르라는 이름은 단순한 독립 영웅 그 이상을 의미한다. 그는 스페인의 식민 지배 아래 놓여 있던 라틴 아메리카에서 독립전쟁을 이끌어 '해방자El Libertador'로 불렸으며, 동시에 분열된 대륙을 하나의 정치공동체로 묶으려 했던 통합 구상의 설계자였다. 그의 정치적 실험의 핵심은 오늘날의 베네수엘라, 콜롬비아, 에콰도르, 파나마를 포괄한 국가, 곧 '그란 콜롬비아Gran Colombia'였다. 그러나 그가 추구한 것은 단순한 영토 확장이 아니었다. 독립을 일시적 사건이 아니라 지속 가능한 정치 질서로 만들려는 거대한 시도였다.

볼리바르가 통합 국가를 구상한 이유는 분명했다. 스페인으로부터의 분리는 이루어졌지만, 갓 태어난 공화국들이 과연 안

정적으로 존속할 수 있을지는 미지수였다. 19세기 초 국제질서
는 약소국에 우호적이지 않았고, 유럽 열강은 여전히 군사적·경
제적 영향력을 유지하고 있었다. 행정 체계와 재정 기반은 취약
했으며, 지역 엘리트들의 이해관계는 쉽게 충돌했다. 볼리바르는
이러한 조건 속에서 분열이 지속된다면 외부 강대국의 개입이나
영향력 확대를 막기 어렵다고 판단했다. 그에게 통합은 이상주의
적 낭만이 아니라 처절한 정치적 생존 전략이었다.

그의 구상은 그란 콜롬비아라는 단일국가 실험에 머물지
않았다. 1826년의 파나마회의는 그란 콜롬비아를 포함한 남미
국가 간의 외교 협력과 공동방위 체제를 모색하려는 야심 찬 시
도였다. 이 역사적인 회의에는 그란 콜롬비아를 필두로 멕시코,
중앙아메리카연방 그리고 페루가 전권대사를 파견하여 대륙의
운명을 논했다. 볼리바르는 이를 통해 상호 분쟁을 역내에서 조
정하고, 외세의 재개입 가능성에 공동 대응하는 틀을 마련하고자
했다. 즉각적인 대륙 연방의 창설까지는 아니었지만, 최소한의
정치적 연대를 제도화하려는 실험이었다.

그러나 이러한 시도는 안팎의 도전에 부딪혔다. 말년에 볼
리바르는 자신의 노력이 좌절로 돌아간 현실을 두고 "나는 바다
에 쟁기질을 했다He arado en el mar"라고 탄식했다.

그란 콜롬비아 해체의 배경에는 복합적 요인이 작용했다.
독립전쟁이라는 공동 목표가 사라지자 지역주의가 다시 부상했

고, 각 지방의 실력자들인 카우디요^{caudillo}들은 중앙 권력의 강화에 강력히 반발했다. 또한 광대한 영토를 연결할 교통·통신인프라의 부족은 행정적 통합을 더욱 어렵게 만들었다. 제도는 미성숙했고 정치적 합의는 취약했다. 결국 베네수엘라와 에콰도르가 이탈하면서 그란 콜롬비아는 해체의 길로 접어들었다.

볼리바르가 미국을 바라본 시선 역시 주목할 만하다. 그는 미국 혁명이 보여준 공화정의 성취를 존중했으나, 동시에 강대국의 힘의 논리를 예민하게 인식하고 있었다. 1823년 미국이 유럽의 개입을 경계하는 '먼로 독트린'을 발표했을 때, 초기 볼리바르는 이를 신생 독립국들을 보호해줄 현실적인 방패로 간주하며 긍정적인 기대감을 표했다. 하지만 미국이 파나마회의에 소극적인 태도를 보이며 중남미의 독자적인 연대를 견제하자, 그는 이 선언이 라틴아메리카의 자결권을 보장하기보다 미국의 패권적 영향력을 우선시하는 배타적 구상으로 흐를 가능성을 경계하기 시작했다. 1829년 그는 서신을 통해 "미국은 자유라는 이름으로 이 대륙에 불행을 퍼뜨리도록 운명 지어진 것 같다"는 통찰 섞인 경고를 남겼다.

볼리바르의 통합 구상은 단순히 과거 식민 지배에 대한 반발이 아니라, 독립 이후의 질서를 안정시키려는 현실적 전략이었다. 그의 실험은 완결되지 못한 채 역사 속으로 흩어지는 듯했다. 그러나 그가 남긴 미완의 설계도는 200년 뒤, 베네수엘라의 한 군인 출신 정치가에 의해 역사의 전면에 다시 호출되었다. 1999년 집권한 우고 차베스는 새 헌법을 제정하며 국가의 명칭을 '베네수엘라 볼리바르 공화국'으로 바꾸었고, 볼리바르의 이상을 자신의 통치 철학으로 부활시켰다. 차베스에게 볼리바르의 좌절은 박제된 과거가 아니라 여전히 극복해야 할 현재의 과제로 재정의되었다.

2004년 국민소환투표에서 승리하며 정치적 정당성을 재확인한 그는, 고유가 시대의 막대한 석유 수입이라는 물질적 기반을 등에 업고 본격적인 대륙 전략에 착수했다. 그의 목표는 단순한 외교적 협력 강화가 아니었다. 미국이 주도해온 반구 질서의 틀 안에서 더 나은 조건을 얻어내는 수준을 넘어, 중남미가 스스로의 규칙을 만드는 독자적 블록을 형성하는 것이었다. 그의 통합 프로젝트는 단일기구 하나로 설명되지 않는다. 정치·경제·에너지·금융·미디어·안보 등 다양한 층위에서 동시에 전개된 다층적 전략이었다.

> **· 미주를 위한 볼리바르 동맹**Alianza Bolivariana para los Pueblos de Nuestra América, ALBA
>
> 2004년 12월 14일, 베네수엘라와 쿠바는 ALBA를 공식 출범시켰다. 이는 미국이 추진하던 미주자유무역협정Free Trade Area of the Americas, FTAA에 대한 정면 대응이었다. FTAA가 관세 철폐와 시장개방을 중심으로 한

신자유주의적 통합 모델이었다면, ALBA는 그 반대편에 서 있었다. 차베스는 자유무역이 아니라 '연대·상호 보완·사회적 정의'를 통합의 원리로 제시했다. 각국의 산업구조와 발전 단계가 다른 상황에서 무차별적 시장 개방은 강자에게만 유리하다는 것이 그의 판단이었다.

ALBA의 상징적 협력 모델은 베네수엘라-쿠바 교환이었다. 베네수엘라는 쿠바에 석유를 공급했고, 쿠바는 그 대가로 의료진과 교육 인력을 대규모로 파견했다. 이는 현금거래를 최소화한 상호 보완적 교환 구조였다. 이 협력은 단순한 교역을 넘어 사회정책의 상호 연동이라는 성격을 띠었다. 이후 볼리비아, 니카라과, 에콰도르 등이 합류하면서 ALBA는 좌파 정부들의 정치적 연대 플랫폼으로 확장되었다. ALBA는 자체 개발기금, 사회 프로그램, 초국가적 공기업Gran Nacionales 등도 추진했다. 단순한 무역협정이 아니라 '정치 프로젝트'에 가까운 형태였다.

• 페트로카리베Petrocaribe

2005년 출범한 페트로카리베는 차베스 통합 전략의 실질적 동력 장치였다. 카리브해와 중미의 소규모 국가들은 에너지 수입 의존도가 높았고, 유가 상승은 곧 재정 위기로 이어졌다. 차베스는 이러한 조건을 중남미 통합의 기회로 전환했다. 페트로카리베는 석유를 장기 저리 조건으로 공급하고, 일부 대금은 장기간 분할상환 하거나 농산물 등 현물로 대체할 수 있도록 허용했다. 회원국들은 단기 재정 압박에서 벗어날 수 있었고, 베네수엘라는 정치적 신뢰 자산을 축적했다. 이 프로그램은 단순한 경제계약이 아니라 외교적 네트워크 구축 장치였다. 국제기구 표결이나 지역 현안에서 베네수엘라의 입장이 힘을 얻는 배경에는 이 에너지 외교가 있었다. 차베스는 석유를 단순한 수출 상품이 아니라, 대륙 통합을 위한 전략적 자산으로 활용했다.

• 텔레수르Telesur

차베스는 통합이 경제·외교 영역에만 머물러서는 안 된다고 보았다. 의식과 담론의 공간 역시 중요하다고 판단했다. 2005년 출범한 텔레수르는 그런 문제의식에서 탄생했다. 텔레수르는 베네수엘라, 쿠바, 아르헨티나, 우루과이 등이 공동 출자한 다국적 방송 네트워크였다. 목표는 분명했다. 중남미의 현실을 북반구 거대 미디어의 시각이 아닌, '남부의 시각'에서 해석하는 것. 차베스는 이를 정보 제국주의에 대한 대응이라고 규정했다. 텔레수르는 단순한 뉴스채널이 아니라 문화·역사·사회 프로그램을 통해 대륙 정체성을 재구성하려 했다. 통합은 제도만으로는 유지되지 않는다. 공통의 서사가 필요하다. 텔레수르는 그 서사를 만들어내는 장치였다.

• 남부은행Banco del Sur과 지역통화 수크레SUCRE

정치와 에너지 통합이 진전되자 차베스는 금융 문제에 눈을 돌렸다. 2007년 출범 합의된 남부은행은 IMF와 세계은행 중심 금융 질서에 대한 대안적 기구를 지향했다. 남부은행은 역내 개발 프로젝트를 자율적으로 금융 지원하겠다는 구상이었다. 미국이나 유럽의 조건부 차관이 아니라, 지역 자본을 활용한 개발을 꿈꿨다. 실제 운영은 기대만큼 활성화되지는 못했지만, 그 상징성은 컸다. 여기에 더해 ALBA 회원국들은 2009년 역내 결제 단위인 수크레를 도입했다. 이는 실물 화폐라기보다 전자결제시스템에 가까웠으나, 달러를 거치지 않는 무역 결제를 실험했다는 점에서 의미가 있었다.

• 남미국가연합Unión de Naciones Suramericanas, UNASUR

2008년 출범한 남미국가연합은 이념을 넘어선 남미 전체 협의체였다. 좌우 정부를 막론하고 남미 12개국이 참여했다는 점에서 ALBA와는 성격이 달랐다. 남미국가연합은 인프라 통합, 에너지 협력, 보건정책, 국방 협력까지 포괄했다. 특히 남미 국방장관 회의를 통해 역내 분쟁을 외부 개입 없이 조정하려는 시도는 주목할 만했다. 이는 볼리바르가 1826년 파나마회의에서 구상했던 공동방위 논리를 21세기 방식으로 재해석한 것이었다.

• 라틴아메리카·카리브해 국가공동체 Comunidad de Estados Latinoamericanos y Caribeños, CELAC

2011년 공식 출범한 CELAC는 차베스 통합 구상의 상징적 정점이었다. 미국과 캐나다를 제외한 33개국이 참여했다. 이는 미주기구와 대비되는 구조였다. CELAC는 '미국 없는 미주'라는 상징성을 지녔다. 이 기구를 통해 차베스는 대륙 차원의 외교 협의 틀을 제도화했다. 이는 볼리바르의 파나마회의가 꿈꿨던 대륙 연대가 현대 국제기구 형태로 구현된 순간으로 해석되었다.

이 외에도 차베스는 남미 공동방위군 창설 가능성까지 언급했다. 이는 구상 단계에 머물렀지만 역내 안보를 외부 세력에 의존하지 않는 구조로 전환하겠다는 선언적 의미를 지녔다. 러시아, 중국과의 군사협력 확대 역시 이러한 자율성 확보 전략의 일부였다. 차베스 집권기 동안 미국이 추진한 FTAA는 사실상 좌초되었고, 중남미는 이전보다 더 자율적 목소리를 낼 수 있었다.

핑크 타이드 물결과
혁명의 동반자

통합 전략은 고립된 한 지도자의 구상이 아니었다. 1990년대 말, 중남미 곳곳에서는 신자유주의 개혁에 대한 피로와 반발이 누적 되고 있었다. 1998년 베네수엘라에서 우고 차베스가 승리한 사건은 그 흐름이 정치권력 교체의 형태로 분명하게 드러난 첫 순간이었다. 그것은 지난 수십 년간 중남미를 지배해온 미국식 신자유주의 질서에 대한 균열이 제도권 정치로 표면화된 사건이었고, 이후 대륙 전체로 확산될 '핑크 타이드pink tide'의 신호탄이 되었다.

차베스의 집권 이후, 마치 약속이라도 한 듯 중남미 주요 국에서는 민중주의와 민족주의를 기치로 내건 좌파 정부들이 연쇄적으로 들어서기 시작했다. 그 흐름은 다음과 같은 연대기적 궤적을 그리며 대륙의 지도 색깔을 바꾸어놓았다.

2003년 브라질에서 집권한 루이스 이나시우 룰라 다 시우바는 노동조합 지도자 출신의 중도좌파 정치인이었다. 그는 거시경제의 안정 기조를 유지하면서도 빈곤 완화 프로그램 '볼사 파밀리아'를 확대하는 등 점진적 복지 확대 노선을 택했다. 차베스보다 온건했고 시장과의 공존을 모색했지만, 남미 자율성 강화와 역내 협력 확대에는 적극적이었다.

같은 해 아르헨티나에서 집권한 네스토르 키르치네르는 페론주의 계열의 중도좌파 성향 지도자였다. 그는 2001년 국가부도 이후 IMF와의 협상에서 강경한 태도를 보였고, 외채 구조조정을 단행했다. 사회적 불평등 완화와 국가 역할 확대를 강조했다.

2005년 우루과이에서 당선된 타바레 바스케스는 좌파 연합 광역전선Frente Amplio 소속으로, 사회민주주의적 개혁 노선을 취했다. 급진적 국유화보다는 복지 확대와 점진적 개혁을 선호하는 온건 좌파였다.

2006년 볼리비아의 에보 모랄레스는 코카 농민운동을 기반으로 한 원주민 운동 지도자였다. 그는 자원 국유화와 다민족 국가 건설을 선언하며 상대적으로 급진적 노선을 택했다. 제헌의회 소집을 추진하며 차베스와의 정치적·이념적 연대도 분명히 했다.

같은 해 칠레에서 집권한 미첼 바첼레트는 사회당 출신으로, 시장경제를 유지하면서 사회정책을 강화하는 중도좌파 성향이었다. 칠레는 기존의 자유무역 체제를 유지했지만, 사회보장 확대에 초점을 맞췄다.

2007년 에콰도르의 라파엘 코레아는 진보적 경제학자 출신으로, 외채 구조 재협상과 국가 주도 개발을 강조했다. 그 또한 제헌의회 소집을 통한 새 헌법 제정 및 자원 통제 강화 정책을 추진했고 ALBA에 가입했다.

1980년대 산디니스타 혁명 지도자였던 니카라과의 다니엘 오르테가도 같은 해 대통령 취임 이후 베네수엘라와 긴밀한 협력 관계를 맺었다.

2008년 파라과이에서 집권한 페르난도 루고는 해방신학 영향을 받은 진보성향 인물로, 농지 개혁과 사회정책 확대를 주장했다.

앞서 언급했듯이 이들 정부는 동일한 이념적 스펙트럼에 있지는 않았다. 급진적 반미 노선을 취한 지도자도 있었고, 거시경제 안정을 유지하며 점진적 개혁을 추진한 지도자도 있었다. 그러나 공통점은 분명했다. 국가의 역할 확대, 자원 주권 강조, 빈곤 완화 정책 강화 그리고 역내 협력에 대한 적극성이다.

이처럼 차베스가 계승한 볼리바르의 꿈이 가시화되는 과정에서 니콜라스 마두로는 핵심적인 역할을 했다. 중남미 통합의 분위기가 한참 올라오기 시작하던 2006년 8월에 차베스는 당시 국회의장이었던 마두로에게 전화해 외교부 장관을 맡아줄 것을 요청했다.[*]

> 나에겐 외교부 장관이 필요하네. 하지만 단순한 장관을 넘어, 내 곁에서 늘 동지로서 함께해줄 '동지 장관'이어야만 해.

단순히 업무를 맡길 인물이 아니라 사상적으로 신뢰할 수 있는 동반자가 필요한 차베스에게 마두로는 그 누구보다도 적임이었다. 자신의 이력과 경력이 외교부 장관직과는 연관성이 낮다고 생각한 마두로는 "대통령님, 정말 신중하게 생각하신 결정입니까?"라고 물었지만, 차베스는 아주 많이 고민하고 내린 결정이며 내일부터 바로 일을 시작해달라고 덧붙였다. 그렇게 시작된 외교부 임기는 6년 4개월 동안 이어졌다. 마두로는 장관 재임 기간 동안 ALBA를 공고히 하고, 남미국가연합과 라틴아메리카·카리브해 국가공동체의 초석을 놓았으며, 러시아·중국·이란 등과의 전략적 동맹을 강화했다. 그는 단순한 행정가를 넘어 차베스가 그리는 '거대한 세계지도'를 현실로 옮기는 실천가이자 투사였다.

---

[*] Miguel Riera and Victor Rios, Account of a Day with Nicolas Maduro (Interview), Venezuelanalysis, 2013.

21세기 사회주의의 정점과
찾아든 암운

2006년 12월 3일, 베네수엘라 전역은 붉은 물결로 넘실거렸다. 대선 결과가 발표되던 날, 우고 차베스는 60%가 넘는 압도적인 지지율로 1998년(구헌법 체계), 2000년(신헌법 체계)에 이어 연임에 성공하며 '21세기 사회주의'를 공식 천명했다. 석유 국부는 빈민 층을 위한 '미시온' 프로그램에 쏟아졌고, 50%에 육박하던 빈곤 율은 절반으로, 극빈층 비율은 7%까지 급락했다.

대선에서 압도적 승리를 거둔 차베스는 2007년 취임 후 통신, 전력, 석유 서비스 부문에 대한 재국유화를 단행했다. 카라 카스 전력회사와 주요 통신기업 CANTV가 국가 통제 아래로 복 귀했고, 오리노코 벨트의 전략적 유전 개발에 대한 국가 지분이 대폭 확대되었다. 2007년 12월에는 총 69개 조항에 달하는 방대한 개헌안 승인 국민투표가 실시됐다. 69개 조항으로 확대된 개헌안은 선거관리위원회에 의해 두 개의 묶음, 즉 블록 A(46개 조항)와 블록 B(23개 조항)로 나뉘어 국민투표에 부쳐졌다.

먼저 블록 A는 차베스가 구상한 국가권력 구조와 경제질서의 재편을 중심에 두고 있었다. 여기에는 대통령 임기를 6년에서 7년으로 연장하고 연임 제한(1회 연속 연임만 허용)을 철폐하는 조항(헌법 제230조 개정안)이 포함되었다. 쿠데타, 석유 파업, 소환투표를 거치며 가까스로 정치적 주도권을 확보한 상황에서, 임기 제한에 따른 지도자 교체가 혁명 프로젝트의 연속성을 위태롭게 할 수 있다고 차베스 진영은 판단했다. 동시에 블록 A는 '인민권력 Poder Popular'을 기존 국가권력 체계에 병렬적으로 위치시키는 조항(제136조 개정안)을 담고 있었다. 공동체 평의회와 코뮌 등 직접민주주의 조직을 헌법적 틀 안에 명문화하려는 시도였다. 이는 대의제 중심의 지방자치 구조 위에 참여적 권력구조를 중첩시키려는 실험이었다.

경제 영역에서도 블록 A는 방향 전환을 분명히 했다. 사유재산 외에 공공·사회·집단·혼합 형태의 소유를 병렬적으로 규정하며 '사회적 소유'의 위상을 강화했다(제115조 개정안). 또한 중앙은행과 행정부 간 정책 연계를 강화하는 내용(제318·321조 개정안)도 포함되었다. 이는 통화정책과 국제 준비금 운용을 정부의 개발 전략과 보다 긴밀히 결합시키려는 구상이었다. 더불어 노동시간을 주 44시간에서 36시간으로 단축하는 조항(제90조 개정안) 역시 블록 A에 포함되었다. 사회권 확대와 국가 주도의 경제운용이 하나의 묶음으로 제시된 셈이다.

블록 B는 국회 심의 과정에서 추가된 조항들 위주로 구성되었는데, 국가의 위기관리 체계 조정과 사회적 소수자의 권리 명시라는 두 가지 지향을 동시에 보여주었다. 차별 사유를 확대해 헌법에 명시하는 내용(제21조 개정안)이 포함되었고, 대학 내 의사결정 구조에서 교수·학생·노동자의 참여 방식을 재조정하는 '평등 투표제' 도입(제109조 개정안)도 추진되었다.

또한 국민투표와 소환투표의 발의 요건을 상향 조정하는 안(제71·72·74조 개정안)이 담겼는데, 이는 2004년 대통령 소환투표 경험을 반영한 것이었다. 비상사태 관련 조항(제337·338·339조 개정안)은 선포 요건을 완화하고 권리 제한 범위를 확대하며, 법정 기간 제한을 삭제하는 방향으로 설계되었다.

쿠데타, 석유 파업을 겪은 차베스 진영은 비상사태 관련 조항 개정안을 위기 대응 능력 강화로 보았지만, 반대파는 예외 상태를 상시화할 수 있는 권력 집중의 제도화로 비판했다.

2007년 12월 2일 실시된 개헌 국민투표는 두 블록 모두 근소한 차이로 부결되었다. 블록 A는 약 1.4%p, 블록 B는 약 2.1%p 차이였다. 이는 1999년 집권 이후 차베스 진영이 처음으로 패배한 사건이었다. 특히 69개 조항을 두 개의 블록으로 묶어 일괄 승인 여부를 묻는 방식은 유권자에게 상당한 부담으로 작용했다는 분석이 많다.

당시 일부 외신은 이 부결을 차베스가 장기 집권을 위해 연임 제한을 철폐하려 한 데 대한 반발로 해석했지만, 이러한 설명은 사태를 지나치게 단순화한 측면이 있다. 실제로 1년여 지난 2009년 2월에는 대통령을 포함한 선출직 공직자의 연임 제한 철폐 여부만을 묻는 개헌 국민투표만 다시 실시되었고, 약 54%의 찬성으로 통과되었다. 그러니 연임 제한 철폐가 2007년 부결의 원인이라고 볼 수는 없다. 오히려 권력구조와 경제질서 전반을 한꺼번에 재설계하려는 시도에 유권자들이 부담을 느낀 것이라고 봐야 할 것이다.

2009년 연임 제한 철폐안의 통과로 혁명 프로젝트의 '시간'을 확보한 차베스는 더욱 공격적으로 국정을 운영해나갔다. 석유 자본을 바탕으로 한 복지정책은 내실을 다져갔고, 라틴아메리카 통합을 향한 그의 외교적 행보는 마두로라는 든든한 조력자를 발판 삼아 라틴아메리카·카리브해 국가공동체 창설이라는 결실로 이어졌다. 베네수엘라는 명실상부한 남미 반제국주의 연대의 맹주로 우뚝 섰다.

그러나 혁명의 기세가 정점으로 치닫던 2011년 6월, 전혀 예상치 못한 곳에서 균열이 발생했다. 강철 같던 지도자 차베스에게 '암'이라는 보이지 않는 적이 찾아든 것이다. 2002년부터

2007년까지 베네수엘라 정부의 부통령을 역임했던 언론인 호세 비센테 랑헬과의 인터뷰[*]에서 차베스는 당시 심정을 이렇게 털어놓았다.

> 나는 화장실로 가서 거울 속의 내 눈을 바라보았습니다. 그리고 아이들을 생각하며 울고 또 울었습니다. 2002년 4월 12일 (쿠데타 당시), 투리아모의 그 작은 거울 앞에서 울었던 것처럼, 노래 가사처럼 울고 또 울었습니다. '왜 하필 나인가?'라고 자문하며 말이죠.
> 시간이 흐른 뒤, 결국 나는 여전히 혼자였고 거울 속의 나를 보며 웃기 시작했습니다.
> '그래, 차베스, 이제는 암이라 이거지.'
> 그러자 내 안에서 그 '야네로[llanero]', 베네수엘라 사람의 그 전사이자 투사 기질이 솟구치기 시작했습니다. 나는 내 눈을 똑바로 응시하며 말했습니다.
> "그까짓 게 나한테 다 뭐야[Y qué es eso pa' mí?]"

투병 중에도 차베스는 2012년 10월 7일에 치러지는 대선

---

* Hugo Chavez Frias, 『De Yare a Miraflores, el mismo subversivo』, Correo del Orinoco, 2012.

에 출마를 강행했다. 야권은 엔리케 카프릴레스라는 젊은 후보를 내세워 정권교체의 기회를 노렸다. 수척해진 몸을 이끌고 쏟아지는 빗줄기 속에서 사력을 다해 연설하는 차베스의 모습은 민중의 마음을 다시 한번 움직였다. 결과는 55%의 득표율로 거둔 완승이었다. 하지만 그것은 차베스가 지상에서 거둔 마지막 승리였다.

차베스의 건강 상태는 급격히 악화되었다. 2012년 10월 13일 차베스는 부통령이던 엘리아스 하우아를 대신해 마두로를 신임 부통령으로 임명한다. 재수술을 위해 다시 쿠바로 떠나기 전인 2012년 12월 8일 밤, 차베스는 텔레비전 생중계를 통해 전 국민 앞에 섰다. 사실상의 유언이자 혁명의 계승자를 지목하는 선언이었다.[*]

> 베네수엘라 연합사회당, 연합 정당들, 대애국동맹, 혁명적 민중 세력 그리고 민족주의 세력 여러분. 단결하십시오, 단결하십시오, 단결하십시오! 단결만이 살길입니다! (······) 만약 나에게 무슨 일이 생겨 직무를 수행할 수 없게 된다면, 니콜라스 마두로는 헌법에 명시된 대로 현 임기를 마쳐야 할 뿐만 아니라―보름달처럼 가득 차 있고, 확고하며, 돌이킬 수 없고, 절

[*] José Vicente Bangel, Transcripcion completa de las palabras del Presidente Chavez en su ultima cadena nacional (08/12/12), PSUV, 2013.

대적이며, 전적인 나의 의견은—헌법에 따라 다시 대통령선
거를 치러야 하는 상황이 온다면, 여러분이 니콜라스 마두로
를 베네수엘라 볼리바르 공화국의 대통령으로 선출해달라는
것입니다. 내 마음 깊은 곳으로부터 여러분에게 간곡히 부탁
합니다.

2013년 3월 5일 오후 4시 25분, 카라카스 육군병원에서 우
고 차베스는 향년 58세를 일기로 숨을 거두었다. 마두로는 울먹
이는 목소리로 사령관의 서거를 공표했다. 베네수엘라 전역은 거
대한 통곡의 바다로 변했다. 그들에게 차베스는 단순히 한 나라
의 대통령이 아니라, 자신들의 목소리를 세상에 들려준 해방자이
자 아버지였다.

차베스라는 거대한 태양이 사라진 베네수엘라의 하늘 위
로, 유가 하락이라는 경제적 재앙과 워싱턴의 노골적인 압박이
몰려오고 있었다. '동지 장관'에서 혁명의 계승자가 된 마두로 앞
에는, 차베스조차 겪어보지 못한 혹독한 시련의 시대가 기다리고
있었다.

1989년 2월 사회주의 연맹 소속이었던 마두로는 조직의
동료 에리크 가나와 함께 에우로빌딩 호텔에서 열린 카를로스 안
드레스 페레스의 대통령 취임식에 참여했다. 거기서 두 사람은
우연히 피델 카스트로와 가브리엘 가르시아 마르케스(노벨상 수상

자)와 마주쳤다. 에리크 가나의 증언에 따르면, 그때 피델 카스트로가 그들을 보자 청년의 중요성에 관해 이야기했고 이 젊은이들 가운데 한 명이 베네수엘라의 차기 대통령이 될 수도 있다고 말했다고 전했다.

2013년 3월 8일, 니콜라스 마두로는 헌법 제233조에 따라 대통령 권한대행을 맡았다. 4월 14일에 치러진 대통령선거에서 마두로는 50.61%의 득표로 당선되었다. 반대파 후보인 엔리케 카프릴레스는 49.12%를 얻어, 그야말로 박빙의 결과였다. 차베스 부재의 여파는 선거 결과로 확연히 드러났다. 야권 후보 카프릴레스는 즉각 선거 결과에 불복하며 전면적인 재검표를 요구했다. 선거관리위원회가 재검표 후 선거 결과를 재확인했지만, 야권은 받아들이지 않았다. 4월 19일 취임식으로 시작된 마두로의 임기 앞에는 가시밭길이 예고되어 있었다.

버스 기사 대통령과
경제 전쟁의 시작

마두로를 향한 야권의 공세는 정책적 비판을 넘어 한 인간의 존재적 근간을 뒤흔드는 인신공격으로 치닫곤 했다. 그중에서도 가장 집요하게 그를 괴롭힌 꼬리표는 대학도 못 나오고 심지어 중등학교 졸업장도 없는 '운전기사 출신'이라는 이력과 '콜롬비아 태생'이라는 의혹이었다. 이 조롱들은 단순한 가십이 아니라, 마두로라는 인물을 베네수엘라의 정당한 지도자로 인정하지 않겠다는 야권의 강력한 거부 의사였다.

야권 엘리트들은 마두로가 버스를 몰던 노동자였다는 과거를 끊임없이 수면 위로 끌어 올렸다. 그들에게 마두로는 국가 경제를 다룰 지적 능력이 결여된 무식한 운전사에 불과했다. 마두로가 연설 중 실수하거나 경제 수치를 혼동할 때면, 반정부 성향의 매체들은 이를 대대적으로 보도하며 비아냥거렸다. 이는 베네수엘라 기득권층이 가진 뿌리 깊은 엘리트주의와 노동자 계급에 대한 노골적인 멸시를 단적으로 보여주는 풍경이었다.

하지만 마두로는 호락호락하게 당하고만 있지 않았다. 그는 오히려 유세 현장에 직접 대형 버스를 몰고 나타나 운전석에서 내려 대중과 포옹하는 퍼포먼스를 선보였다. 자신은 땀 흘려 일해본 버스 기사 출신 대통령이라며, 자신을 조롱하는 야권을 '민중을 무시하는 오만한 기득권층'이라고 비판했다.

혈통 공격은 더욱 치명적이었다. 야권은 마두로의 어머니가 콜롬비아인이라는 점을 근거로, 그가 베네수엘라가 아닌 콜롬비아 국경도시 쿠쿠타에서 태어났다는 의혹을 집요하게 제기했다. 베네수엘라 헌법상 대통령은 오직 본국 태생이어야 했기에, 야권은 그를 콜롬비아 놈El Colombiano이라 부르며 당선무효를 주장했다. 이 논란에 대해 2016년 베네수엘라 대법원은 '니콜라스 마두로는 카라카스에서 태어난 정당한 베네수엘라 국민'이라는 공식 판결을 하기도 했다.

취임 직후 마두로는 '거리의 정부gobierno de calle'를 선포하고 전국 각 주를 순회하며 노동자, 지역공동체 구성원, 군인들과 현장 회의를 열고 풀뿌리 민중과의 직접 소통을 강조했다. 그러나 이러한 열정적 정치 행보와는 별개로, 마두로 앞에 더 거대한 구조적 재앙이 들이닥쳤다. 2014년 하반기부터 시작된 국제유가 급락이었다. 배럴당 110달러를 호령하던 유가가 50달러 아래로 곤두박질치자, 석유에 전적으로 의존하던 베네수엘라 경제는 치명상을 입었다.

2014년은 정치적 긴장도 고조되었다. 야권 인사인 레오폴도 로페스와 마리아 코리나 마차도 같은 인물들이 나서서 마두로 퇴진을 외치며 폭력적인 시위를 선동하고 있었다. 더군다나 집권당 베네수엘라 연합사회당의 촉망받는 청년 의원 로베르트 세라가 흉기로 난자당해 끔찍하게 암살당하는 사건까지 발생한다.

혼란이 지속되는 가운데 2015년 12월 6일 국회의원 선거가 치러졌다. 선거는 사실상 마두로 정부에 대한 중간 평가 성격을 띠고 있었다. 결과는 야권의 압승이었다. 야권 연합인 민주통합회의 Mesa de la Unidad Democrática, MUD는 전체 167석 가운데 112석, 즉 개헌이 가능한 의석을 확보했다. 이는 2005년 야권 보이콧 이후 여권이 독점해온 국회 구도가 처음으로 뒤집힌 순간이었다.

이러한 내부의 경제·정치적 혼란과 맞물려, 외교적 긴장도 고조되었다. 2015년 3월 9일, 버락 오바마 미국 대통령은 행정명령 13692호를 발동해 베네수엘라 상황을 "미국의 국가안보와 외교정책에 대한 이례적이고 특별한 위협 unusual and extraordinary threat"으로 규정했다. 해당 행정명령은 특정 베네수엘라 정부 관리들을 인권침해 및 민주주의 훼손 혐의로 제재 대상으로 지정하고, 미국 내 자산동결 및 입국 제한을 부과하는 내용을 담고 있었다. 제재 대상은 초기에는 제한적이었으나, 이 조치는 이후 단계적으로 확대되는 베네수엘라 제재 정책의 법적 토대가 되었다. 마두로 정부는 이를 내정 간섭이자 주권 침해로 강하게 반발하며 제국주의적 공격이라고 규정했고, '오바마 행정명령 철회 요구' 서명운동을 대대적으로 벌이며 전국적인 반미 결집 캠페인을 전개했다.

저유가가 장기화되면서 베네수엘라 경제의 균열은 일상 속에서 가장 먼저 체감되기 시작했다. 외화 수입의 대부분을 차지하던 석유 수출이 급감하자 생필품을 수입할 달러가 부족해졌다. 공식 환율과 암시장 환율 사이의 격차는 눈덩이처럼 불어났다. 카라카스와 주요 도시의 슈퍼마켓 앞에는 긴 줄이 늘어섰다. 밀가루, 식용유, 분유, 화장지 같은 기본 생필품이 진열대에서 사라지는 일이 반복되었다. 마두로 정부는 이를 '경제 전쟁guerra económica'으로 규정했다. 유통을 틀어쥔 자본가들이 물자를 의도적으로 숨기거나 유통을 지연시키며 초과 이득을 챙기고 사회불안을 조성한다는 주장이었다. 실제로 일부 창고에서 대량의 물품이 적발되는 사례도 있었다. 그러나 동시에, 외화 부족과 수입 감소, 가격통제로 인한 생산 의욕 저하라는 구조적 요인을 무시할 수 없다는 지적도 제기되었다.

이처럼 '매점매석'과 '구조적 공급 붕괴'라는 두 해석이 병존하는 가운데, 정부는 직접적인 배급 체계를 강화하는 방향으로 움직였다. 그 결과 2016년 본격화된 것이 바로 CLAP^{Comités Locales de Abastecimiento y Producción}였다. CLAP은 지역별 위원회를 중심으로 가구마다 식량 상자를 배급하는 시스템이었다. 쌀, 파스타, 식용유, 설탕, 콩류 등 기본 식품이 포함된 상자가 정부가 정한 보조가격에 공급되었다. 이는 시장가격과 비교할 수 없을 만큼 저렴했기에, 많은 서민에게 큰 도움이 되었다. 외화가 고갈된 상황에서도 정부는 우선순위를 정해 식량 확보에 달러를 배정했고, 이를 지역 조직망을 통해 배포했다. 야권과 국제 언론은 CLAP이 집권당 지지층에 유리하게 운영되며 정치적 충성도를 매개로 식량을 배급하는 통치 장치로 작동한다고 비판했다. 반면 정부는 경제 전쟁 속에서 민중을 보호하기 위한 방패라고 주장했다.

사법부의 격돌과
시원적 제헌권의 호출

야권이 장악한 의회와 마두로 측이 장악한 행정부 및 사법부와의 갈등도 격화되었다. 충돌의 도화선은 한 지역구에서 터졌다. 아마소나스주에서 선출된 야권 의원 3명의 당선 효력을 둘러싸고 투표 매수 의혹이 제기되었고, 녹음 파일 등 관련 자료가 제출되었다.

대법원은 이들의 자격을 '잠정 정지'하는 가처분 결정을 내렸다. 그럼에도 야권이 장악한 국회는 이 3명의 의원을 취임시켰다. 야권의 112석은 전체 의석의 3분의 2 요건을 간신히 충족하는 숫자였고, 한 석이라도 빠지는 경우 그 임계선은 무너지기 때문이다. 양측 모두 물러설 수 없는 정치적 국면이 형성되었다.

대법원은 즉각 반격했다. 국회가 사법부의 잠정 정지 명령을 따르지 않았다는 이유로 국회를 '모독 상태'로 규정했고, 이후 국회가 통과시킨 주요 법안들을 잇달아 무효로 선언했다. 국회는 계속 법안을 의결했지만, 그 효력은 대부분 인정되지 않았다. 예를 들어 의회에서 통과된 대사면법은 수감 중인 야권 인사들의 석방을 목표로 했지만, 대법원은 중대한 범죄까지 사면 대상에 포함된다는 이유로 위헌판결을 내렸다. 중앙은행의 독립성을 강화하고 정부의 경제 비상 권한을 제한하는 법 개정안 역시 행정부 권한 침해로 보아 위헌으로 판결했다. 사회주택 소유권법은 정부의 주택 보급 사업 대상자들에게 완전한 사적 소유권을 부여하려 했던 법안인데, 정부는 이를 '공공 자산의 사유화 시도'로 규정했고 대법원이 이를 수용해 위헌으로 판결이 났다.

의회와 사법부가 충돌을 빚는 가운데 야권은 2016년 상반기에 마두로 대통령을 소환하는 투표 절차에 착수했다. 첫 단계는 전체 유권자의 1%에 해당하는 서명을 모아 선거관리위원회에 제출하는 것이었다. 이 단계는 통과되었다. 그러나 두 번째 단계, 즉 전체 유권자의 20% 서명을 확보하는 본격적인 절차를 앞두고 제동이 걸렸다. 몇몇 지방법원이 서명 과정에서 부정이 있었다는 근거로 효력을 정지하라는 명령을 내렸고, 선거관리위원회는 이를 근거로 절차를 중단했다. 야권은 이를 '사법적 차단'이라 규정했고, 정부는 위조 서명과 신원도용 사례가 확인되었다는 점을 들어 정당한 조치라고 주장했다.

야권으로서는 2016년 안에 소환투표를 치러야 할 이유가 있었다. 헌법 제233조에 따르면 임기 4년째가 되는 2017년 1월 10일 이전에 소환투표를 치러 마두로를 끌어내려야, 새 대통령선거를 치를 수 있다. 하지만 그 이후로 넘어가면, 설령 소환이 성사되더라도 마두로가 임명한 부통령이 남은 임기를 승계하게 된다. 야권으로서는 2016년이 사실상 관철해야 할 기한이었다.

2016년 10월 선거관리위원회는 첫 단계 서명 모집 과정에서 사망자 명의도용, 존재하지 않는 신분증 번호 사용, 미성년자 서명 포함 등 다양한 부정이 있었다는 법원의 판결을 근거로 소환투표 절차를 공식적으로 중단한다고 발표했다. 야권은 헌법적 권리가 박탈되었다고 주장했고 소환투표 무산에 항의하는 야권 지지자의 대규모 시위가 벌어졌다.

마두로 정부는 2017년도 예산안을 국회 심의·표결에 부치지 않았다. 국회가 여전히 '모독 상태'에 있어 헌법상 권한을 행사할 수 없다는 것이 행정부의 입장이었으며, 대법원은 이를 받아들였다. 그 결과 예산안은 입법부가 아닌 대법원을 통해 승인되었다. 어차피 야권이 장악한 의회에서는 예산안이 부결될 것임을 확신한 조치였다.

2017년 3월에는 사법부가 입법권까지 행사하려 한다는 논란이 일어나기도 했다. 발단은 마두로 정부가 제기한 헌법 해석 요청이었다. 당시 정부는 외국 기업과의 석유 관련 합작 및 국제협약 체결 문제에 직면해 있었다. 헌법상 일부 국제협약은 국회의 승인 대상이 될 수 있었지만, 국회는 이미 대법원에 의해 '모독 상태'로 규정된 상황이었다. 정부는 이러한 조건에서 행정부가 협약 체결을 진행할 수 있는지에 대해 헌법재판부의 판단을 구했다.

3월 28일 선고된 판결 155호는 비교적 구체적인 사안에 초점을 맞추었다. 국회가 모독 상태에 있는 한, 행정부가 필요한 조치를 취할 수 있다는 취지였다. 이는 국회의 권한을 영구적으로 박탈한다기보다, 비기능 상태를 전제로 한 예외적 해석으로 읽힐 수 있었다. 그러나 다음 날 발표된 판결 156호는 논리를 한 단계 일반화했다. 헌법재판부는 모독 상태가 지속되는 한 국회의 권한은 헌법재판부 또는 다른 국가기관에 의해 행사될 수 있다는 취지의 문구를 포함시킨 것이다. 이 표현은 단순히 155호의 논리를 보강하려는 일반화 시도로 이해될 수도 있었다.

하지만 바로 그 일반화가 정치적 폭발의 도화선이 되었다. 해당 문구는 문자 그대로 해석될 경우 사법부가 입법 기능을 대행할 수 있다는 선언처럼 읽힐 수 있었고, 이는 권력분립의 근간을 흔드는 것으로 받아들여졌다. 야권은 이를 '사법쿠데타'로 규정했다. 거리 시위는 다시 격화되었고, 국제사회 역시 큰 우려를 표명했다. 예상치 못한 방식으로 파장이 커지자, 마두로 정부는 국가보안위원회를 소집해 판결의 '명확화'를 요청했고, 대법원은 문제의 표현을 일부 수정했다.

　이렇듯 양측의 균열은 작은 불똥 하나로도 엄청난 폭발이 일어날 수 있는 일촉즉발의 상황이었다. 야권 지지자들의 시위 양상은 갈수록 폭력적으로 되었다. 군인과 경찰에 대한 폭행은 빈번했고 수제 박격포나 화염병을 사용하기도 했다.

　2017년 5월 20일 카라카스 동부 알타미라 광장 인근에서는 야권 시위대의 물리적 폭력이 정점에 달한 비극적 사건이 발생했다. 21세 청년 오를란도 피게라가 시위대에게 둘러싸여 집단 폭행을 당한 뒤, 몸에 휘발유가 뿌려져 산 채로 불태워진 것이다. 시위대가 그를 정부 측 첩자 혹은 좀도둑으로 몰아세우다 벌어진 일이었다. 전신 80%의 화상을 입은 그는 병원에서 치료를 받다가 결국 보름 뒤 숨을 거두었다. 당시 촬영된 영상은 SNS를 통해 빠르게 퍼져 국제적 충격을 안겼다. 상황이 이러하다 보니 군경의 진압 강도도 덩달아 높아졌다. 사상자는 시위대와 진압 군경 양측에서 모두 발생했는데 2017년 4월에서 7월 사이에 사망자가 100명이 넘을 정도였다.

　이러한 상황에서 니콜라스 마두로 대통령이 선택한 돌파구는 차베스가 처음 대선에 나서 슬로건으로 내걸었던 '제헌의회'였다. 마두로 정부는 1999년 헌법(제347조·제348조·제349조)을 근거로 제헌의회 소집을 선언했다.

제347조

베네수엘라 국민은 '시원적 제헌권poder constituyente originario'의 주체이다. 국민은 그 권한을 행사하여, 국가를 변혁하고 새로운 법질서를 창설하며 새로운 헌법을 제정하기 위하여 제헌국민의회Asamblea Nacional Constituyente를 소집할 수 있다.

제348조

제헌국민의회 소집에 대한 발의는 다음의 주체가 할 수 있다.
— 국무회의를 거친 공화국 대통령
— 구성원 3분의 2 이상의 동의로 의결한 국회
— 그 구성원 3분의 2 이상의 찬성으로 의결한 지방의회
— 선거 등록부에 등록된 유권자 15%

제349조

공화국 대통령은 새로운 헌법에 대하여 거부권을 행사할 수 없다. 기존의 공권력 기관들은 어떠한 형태로든 제헌국민의회의 결정을 방해할 수 없다. 새 헌법이 공포되면, 이는 베네수엘라 볼리바르 공화국 관보 또는 제헌국민의회 관보에 게재된다.

마두로 정부는 제348조의 대통령 권한을 이용해 2017년 5월 1일 노동절에 제헌의회 소집을 발의했다. 제헌의회를 구성할 의원을 뽑는 선거는 그해 7월 30일로 잡혔다. 야권은 강하게 반발했다. 1999년 우고 차베스 정부 때 사전 국민투표로 제헌의회 소집 여부를 물었으니, 이번에도 사전 국민투표가 필요하다고 주장했다. 하지만 그 당시 헌법에는 제헌의회 소집 절차가 없어서

정당성 확보 차원에서 국민투표에 부친 것이고, 현행 헌법에는 제헌의회 소집 관련 조항이 있으며 따로 국민투표가 필요하다는 내용은 존재하지 않는다. 결국 쟁점은 '대통령의 제안만으로 곧바로 제헌의회 선거를 시행할 수 있는가'라는 문제였다.

제헌의회 선거는 2017년 7월 30일 강행되었다. 야권의 조직적 불참 속에서 투표율은 41%였으며 제헌의회는 마두로 정부를 지지하는 인사들로 채워졌다. 출범 직후 제헌의회는 '기존의 공권력 기관들은 어떠한 형태로든 제헌국민의회의 결정을 방해할 수 없다'는 헌법 제349조를 지렛대로 사용했다. 기존 권력 기구 위에 존재하는 제헌의회가 의회의 권한을 사실상 대행했고 마두로 정부는 야권이 장악한 의회를 회피할 완벽한 우회로를 마련했다.

제헌의회는 여러 위원회를 구성해 다양한 분야의 새로운 헌법을 논의했다. 공청회와 초안 작업도 진행되었다. 그러나 통합된 최종 헌법안을 채택해 국민투표에 부치는 단계까지는 나아가지 못했다. 2020년 12월 6일 실시된 총선에서 야권 대부분이 불참한 가운데 마두로 진영은 277석 중 253석을 차지하자 제헌의회는 그해 12월 말 해산되었다. 결과적으로 새 헌법 제정 작업보다는 정치적 교착 속에서 행정부의 국정 운영을 제도적으로 뒷받침하는 기구로 기능한 측면이 강했다.

여야 양측의 이러한 극단적 대립과 갈등은 1989년 2월의 카라카스 학살, 2002년 4월의 쿠데타, 같은 해 11월의 석유 파업, 2004년 8월의 소환투표 등 일련의 사건과, 그 사건들이 남긴 집단적 기억과 상호 인식을 고려하면 필연적이라 할 만하다.

이 모든 격렬한 언어와 분노의 밑바닥에는 언제나 한 가지 질문이 놓여 있었다. 누가 이 나라의 석유를 통제하는가. 베네수엘라에서 정치는 석유와 분리될 수 없었다. 선거에서 이기느냐 지느냐는 단지 권력의 명패가 바뀌는 문제가 아니었다. 그것은 곧 석유 수익이 어느 방향으로 흘러갈 것인가를 결정하는 문제였다. 누군가에게는 그것이 존엄과 생존의 문제였고, 누군가에게는 지배와 특권의 문제였다.

미국 트럼프 행정부는 2017년 제헌의회 소집과 시위 진압 등을 민주주의 질서의 훼손으로 규정하며 제재를 확대했다. 베네수엘라 정부와 PDVSA의 신규 채권 발행과 기존 채무 재조정을 제한해 정권의 자금 조달 능력을 약화시키는 것이었다. 미국은 이를 민주주의 회복과 인권 보호를 위한 조치로 설명했지만, 베네수엘라 정부는 정권교체를 겨냥한 경제적 압박으로 규정했다. 내부에서 벌어지던 권력투쟁은 이제 국제정치의 언어와 더욱 긴밀하게 결합했다.

대선 무효 논란과
2024년 바베이도스의 약속

2018년 5월 20일, 대통령선거가 실시되었다. 원래 마두로의 임기는 2019년 1월까지였지만, 제헌의회는 선거 일정을 몇 달 앞당겨 2018년 상반기에 대선을 치르기로 결정했다.

야권은 이를 '마두로에 유리한 시점 선택'이라 비판했다. 하지만 이에 대한 대응 방식으로 선거에 후보를 출마할 것인지, 아니면 선거 자체를 거부할 것인지를 두고 야권 내부에서 의견이 나뉘었다. 마두로는 집권 여당 후보로 재출마했으며, 야권의 주요 경쟁자는 전 차베스 지지 세력 출신이었던 엔리 팔콘이었다. 그러나 야권의 핵심 정당 다수는 선거에 불참했다.

투표율은 약 46%로 공식 집계되었다. 이는 2013년 대선(약 80%)에 비해 현저히 낮은 수치였다. 결과는 마두로의 67.8%

득표 승리였다. 미국, 유럽연합, 친미적인 라틴아메리카 국가들은 선거 결과를 인정하지 않았다. 반면 러시아, 중국, 쿠바, 볼리비아, 니카라과 등은 합법적 선거로 승인했다.

2018년은 경제위기가 가장 극적으로 체감된 해였다. 2014년 유가 폭락 이후 시작된 침체는 이미 심각했지만, 2017년 미국 트럼프 정부의 금융 제재 이후 외화 조달은 더욱 어려워졌고 그 충격이 2018년에 본격적으로 표면화되었다. 베네수엘라 화폐가치는 급격히 붕괴해 사실상 통화 기능을 상실했고, 생필품과 의약품 부족은 일상화되었다. 해외 이주 역시 이 시기에 급격히 가속되었다. 2018년 8월, 마두로 정부는 기존 볼리바르에서 0을 다섯 개 제거한 '볼리바르 소베라노'를 도입하고 암호화폐 '페트로petro'와의 연동을 발표하는 대대적인 화폐개혁을 단행했다. 최저임금은 대폭 인상되었지만, 초인플레이션 환경에서는 실질 구매력을 회복하기 어려웠다. 동시에 정부는 가격통제를 점진적으로 완화하고 달러 사용을 사실상 묵인하는 방향으로 정책을 조정하기 시작했다.

서방 언론은 이러한 경제 붕괴의 원인을 대체로 마두로 정부의 정책 실패와 경제적 무능에서 찾는다. 그러나 2017년 이후 본격화된 미국의 제재가 외화 조달 통로를 급격히 차단하고, 국제금융망 접근을 봉쇄하며, 국영석유회사 PDVSA의 자금 운용을 압박했다는 사실은 쉽게 간과된다. 제재가 국가경제에 가한 충격의 규모와 파급력을 충분히 고려하지 않은 채 위기를 전적으로 내부 요인으로만 설명하는 것은 현실을 지나치게 단순화하는 해석이다(다음 장에서 미국의 제재가 베네수엘라 경제에 어떠한 방식으로 파멸을 가져왔는지 구체적으로 살펴보겠다).

2019년 1월 10일, 마두로는 두 번째 임기를 시작했다. 그러나 2018년 대선을 인정하지 않았던 야권과 일부 국제사회는 이를 '불법적 연임'으로 규정했다. 불과 열흘 뒤인 1월 23일, 야권이 장악한 국회의장이었던 후안 과이도는 카라카스 거리 집회에서 자신을 '베네수엘라의 임시 대통령'으로 선언했다. 그의 근거는 헌법 제233조였다.

제233조
(······) 선출된 대통령 또는 대통령 당선인의 절대적 궐위가 취임 전에 발생할 경우, 30일 이내에 보통·직접·비밀 선거를 통해 새로운 선거를 실시한다. 새로운 대통령이 선출되어 취임할 때까지는 국회의장(또는 의장)이 공화국 대통령직을 대행한다. (······)

야권은 2018년 대선을 무효로 간주했기 때문에, 2019년 1월 10일 이후 베네수엘라는 헌법상 대통령이 없는 상태라고 주장했다. 따라서 국회의장이 임시 대통령으로 나서는 것은 헌법적 조치라는 논리였다.

과이도의 선언은 곧바로 국제적 파장을 낳았다. 미국은 기다렸다는 듯 과이도를 합법적 임시 대통령으로 인정했다. 이어

캐나다와 친미 성향의 라틴아메리카 국가들이 지지를 표명했다. 반면 러시아, 중국, 쿠바, 볼리비아, 니카라과, 튀르키예 등은 마두로 정부를 합법정부로 인정하며 외부 개입을 비판했다.

과이도 선언 이후 미국은 제재를 한 단계 더 끌어 올렸다. 2019년 1월 28일 PDVSA를 제재 명단에 포함시키고 미국 내 자산을 동결했다. 동시에 미국 정유사들이 베네수엘라 원유를 구매하더라도 그 결제 대금은 마두로 정부가 접근할 수 없는 차단 계좌에 예치하도록 했다. 이는 미국 시장에서 발생하는 석유 수익을 마두로 정부가 사용할 수 없도록 하는 조치였다.

2월 초 미국은 과이도 측이 지명한 정유 자회사 CITGO 이사회를 승인함으로써, 미국 내 베네수엘라 국영 자산, 특히 CITGO의 통제권을 사실상 과이도 측이 행사하도록 했다. CITGO는 PDVSA가 소유한 미국 내 정유 자회사로, 베네수엘라 원유를 정제·판매하는 핵심 수익 통로였다.

과이도의 전략에서 가장 결정적인 변수는 군부였다. 헌법 제233조를 근거로 임시 대통령을 자처하는 것만으로는 권력이 실제로 이동하지 않는다. 국가권력은 군과 경찰, 정보기관, 행정관료 체계에 의해 지탱된다. 이들이 함께 움직이지 않으면 선언은 상징에 머물 뿐이다. 과이도의 협력 요청에도 불구하고 군 수뇌부는 일제히 마두로 정부에 대한 충성을 공개적으로 천명했다.

같은 해 8월 미국은 행정명령 13884호를 통해 제재 수위를 더욱 강화했다. 베네수엘라 정부의 모든 재산·이익을 미국 관할권 내에서 동결하고, 베네수엘라 정부와 중대한 거래를 수행하는 제3자도 제재(2차 제재) 대상이 될 수 있도록 했다. 이 조치로 미국 금융시스템을 이용하는 제3국 기업과 은행은 제재 위험에 노출되었고, 그 결과 베네수엘라의 무역 거래는 급격히 위축되었다.

2020년 코로나로 인한 팬데믹은 이미 제재와 생산 붕괴로 극심한 압박을 받고 있던 베네수엘라 경제에 또 한 번의 충격을 가했다. 그러나 역설적으로, 그 혹독한 시기를 지나면서 국가 내부에서는 다른 흐름이 형성되고 있었다. 외부 금융망이 차단되고 수입 의존 구조가 무너진 상황에서, 국내 생산 기반을 복원하려는 움직임이 곳곳에서 나타나기 시작한 것이다.

2021년, 베네수엘라는 수년간의 마이너스성장에서 벗어나 플러스성장을 기록했다. 이 수치는 단순한 통계상의 반등이 아니라, 내부 생산 회복의 신호로 해석되었다. 2022년에는 성장세가 더욱 뚜렷해졌다. 정부와 중앙은행 발표에 따르면 두 자릿수 성장이 이루어졌으며, 이는 최근 10여 년간 보기 어려웠던 국면이었다.

특히 정부가 강조한 변화는 식량 생산 구조였다. 한때 국내 소비 식량의 80~85%를 수입에 의존하던 구조에서 벗어나, 가정으로 공급되는 식량의 90% 이상을 국내에서 조달하게 되었다는 점은 상징적 의미를 가졌다. 이는 단순한 농업통계 이상의 정치경제적 의미를 지닌다. 외환이 막히고 수입이 제한된 조건 속에서, 농촌 생산자와 중소 규모 기업가들이 생산을 확대했고, 그 결과 국내시장 공급망이 다시 살아나기 시작했다는 증거였다.

2021년 11월 21일 실시된 지방선거에는 이전 총선과 다르게 적지 않은 야권이 선거에 참여했다. 조직적인 선거 불참이 득보다는 실이 많다는 판단이 우세해졌기 때문이다. 투표 결과 집권 여당인 연합사회당과 그 동맹 세력이 23개 주지사 중 19개 주지사 선거에서 승리했다. 하지만 공식 투표율은 40%대 초반에 머물렀고, 이는 정치적 피로와 불신이 누적된 사회 분위기를 반영했다. 그럼에도 불구하고 15년 만에 유럽연합 선거 관찰단이 파견되어 선거 과정을 지켜보았다는 점은, 마두로 정부가 국제적 고립을 완화하려는 외교적 시도를 병행하고 있음을 시사하는 장면이었다.

2021년 지방선거를 통해 제도권 복귀를 타진한 야권은 냉혹한 현실을 마주했다. 거리 시위와 국제적 압박을 통한 '정권 전복'이라는 단기적 목표는 동력을 상실했고, 국제사회라는 외부 변수도 변화하고 있었다. 2021년 출범한 바이든 행정부는 트럼프 시절의 '최대 압박' 정책을 그대로 계승하기보다는, 제재를 유지하되 협상과 선거 환경 개선에 연동하는 보다 실용적인 접근을 모색하기 시작했다.

2022년 러시아-우크라이나 전쟁 발발로 국제유가가 급

등하고 에너지 안보가 세계적인 화두로 떠오르자, 미국은 베네수엘라산 원유의 시장 복귀를 검토하기 시작했다. 바이든 행정부는 마두로 정부와 직접 대화에 나섰고, 그 결과 2022년 말 미국 정유사 셰브론^{Chevron}의 베네수엘라 내 영업 재개를 허용하는 파격적인 조치를 단행했다. 마두로 정부로서는 제재의 그물망에 숨구멍이 트이는 순간이었고, 야권으로서는 미국이라는 든든한 뒷배가 언제든 실용적 국익에 따라 움직일 수 있다는 냉정한 현실을 깨닫는 계기가 되었다.

이러한 기류 속에서 2022년 12월, 베네수엘라 야권은 스스로 중대한 결단을 내린다. 야권의 주류 세력은 투표를 통해 후안 과이도가 이끌던 '임시 정부'를 공식적으로 해산하기로 의결했다. 가상의 권력에 매달리기보다는 2024년으로 예정된 대통령 선거에 집중하겠다는 전략적 선택이었다. 야권은 흩어진 전열을 가다듬어 단일 후보 선출을 위한 경선 체제로 돌입했다.

2023년 10월, 마두로 정부와 야권은 카리브해의 섬나라 바베이도스에서 역사적인 합의를 이끌어냈다. '바베이도스 합의'로 불리는 이 약속의 핵심은 2024년 대선을 공정한 환경에서 치르겠다는 것이었다. 미국은 이 합의에 화답하여 베네수엘라의 석유, 가스, 금 부문에 대한 제재를 6개월간 한시적으로 완화하는 '라이선스 44'를 발행했다. 베네수엘라 경제는 잠시나마 활기를 띠었고, 정국은 대선 국면으로 급격히 빨려들어갔다.

이 시기 야권의 중심에는 새로운 인물이 우뚝 섰다. 2023년 10월 치러진 야권 단일 후보 경선에서 강경파 여성 정치인 마리아 코리나 마차도가 90%가 넘는 압도적인 지지로 승리한 것이다. 그녀는 차베스 시절부터 일관되게 반정부 투쟁을 이끌어온 인물로, 지지층 사이에서 강력한 팬덤을 형성하며 마두로의 가장 위협적인 대항마로 떠올랐다.

그러나 마차도의 압도적 경선 승리가 곧바로 제도적 출마 자격을 의미하는 것은 아니었다. 그녀에 대해서는 이미 2023년 6월 베네수엘라 감사원이 15년간 공직 출마를 금지하는 행정적 자격정지 조치를 통보한 상태였다. 감사원은 그 근거로, 마차도가 2019년 후안 과이도 임시 정부를 지지하고 국제 제재를 옹호한 행위를 국가의 이익에 반하는 행위로 보았으며, 공직자의 책임 및 재산 신고 의무와 관련한 행정적 책임 문제도 함께 제기했다. 정부 측은 이러한 조치가 헌법상 감사원에 부여된 공직자 감독 권한과 '감사원 및 국가재정통제체계 유기법'에 따른 행정제재 권한에 근거한 것이라고 주장했다.

야권은 법적 대응에 나섰지만 2024년 1월 베네수엘라 대법원은 감사원의 자격정지 조치를 유지한다는 결정을 내렸고, 이에 따라 마차도의 대선 출마 가능성은 제도적으로 차단되었다. 결국 야권은 전략을 수정해 외교관 출신의 에드문도 곤살레스를 단일 후보로 확정했다. 마차도는 공개적으로 그를 지지하며 선거운동에 참여했다. 미국은 마차도의 자격정지 조치 유지 결정이 바베이도스 합의 정신에 부합하지 않는다고 비판하며, 2023년 10월 발행했던 한시적 제재 완화 조치(General License 44)를 2024년 4월 연장하지 않았다. 이에 따라 베네수엘라의 석유·가스 부문에 대한 제재는 다시 원래의 체제로 복귀했다.

2024년 7월 28일 실시한 대통령선거에서 선거관리위원회는 니콜라스 마두로가 약 51%대 득표율로 승리했다고 공식 발표했다. 야권 단일 후보였던 에드문도 곤살레스는 약 44%대의 득표율을 기록한 것으로 집계되었다. 공식 발표 기준 투표율은 약 59% 수준이었다. 야권은 개표 과정과 선거 환경에 대한 의문을 제기하며 선거 결과의 정당성에 이의를 제기했다. 미국과 일부 유럽 국가들은 선거의 공정성에 대한 우려를 표명했으며, 러시아, 중국 등은 결과를 인정하고 축하 메시지를 보냈다. 국제사회의 반응은 다시 한번 분열된 양상을 보였다.

2024년 대선 이후, 선거 과정의 논란과 국제적 압박에도 불구하고 니콜라스 마두로는 2025년 1월 10일 취임식에서 세 번째 임기를 공식화했다. 정부는 경제적 성과를 전면에 내세우며 정국을 돌파했다. 2024년에 베네수엘라 경제는 정부 공식 발표 기준 9% 성장을 이어갔으며, 인플레이션은 한 자릿수(월 기준)대로 안정화되는 기염을 토했다.

마두로 정부가 강조한 '신시대Nueva Época'의 핵심은 다변화였다. 미국이 제재를 복원하며 압박했지만, 베네수엘라는 더 이상 고립되지 않았다. 브릭스^{BRICS} 국가들과의 협력은 순조로웠다. 중국은 인프라와 기술 투자를 확대했고, 러시아와의 에너지 동맹은 더욱 공고해졌다. 제재로 멈췄던 정유 시설들이 이란과의 기술협력을 통해 국산 부품과 자체 기술로 다시 가동되기 시작했다. 2025년을 지나며 베네수엘라는 국내 식량자급률 90%를 상회하는 성과를 거두었고, 카라카스의 거리는 다시 활기를 찾았다. 마두로는 '제국주의의 봉쇄를 자력갱생으로 뚫어냈다'는 서사를 완성해가고 있었다.

그러나 베네수엘라의 자립 선언은 워싱턴의 정권교체와 함께 거대한 암초를 만났다. 2025년 1월, 다시 백악관에 입성한 도널드 트럼프 행정부는 바이든 시기의 '조건부 대화' 전략을 폐기하고, 라틴아메리카를 미국의 독점적 영향권으로 묶어두려는 강경한 '신먼로 독트린'을 선포했다. 트럼프에게 베네수엘라의 경제 회복과 브릭스 밀착은 단순한 외교적 걸림돌을 넘어, 미국의 앞마당을 중국과 러시아에 내어주는 전략적 위협으로 간주되었다. 미국은 베네수엘라를 '마약 테러국가'로 규정하며 물리적 타격의 명분을 쌓기 시작했다.

2026년 1월 3일 새벽, 트럼프 정부는 '확고한 결의' 군사작전을 단행했고, 그 과정에서 니콜라스 마두로 대통령과 영부인 실리아 플로레스는 생포되어 미국 뉴욕으로 강제 압송되었다. 미국은 이를 '마약범죄자에 대한 법 집행'이라 강변했으나, 국제사회는 주권국가의 수장을 공습을 통해 납치한 전례 없는 불법 행위라며 경악했다.

마두로의 부재와 함께 베네수엘라가 공들여 쌓아온 '자력갱생'의 성탑은 하룻밤 사이에 거대한 불확실성의 늪으로 침몰했다. 워싱턴은 이를 법 집행의 승리라 자축했으나, 카라카스의 회색빛 거리에는 지도자를 빼앗긴 분노와 허탈감, 미래에 대한 불안감에 휩싸인 민중들의 한숨과 탄식이 끊이지 않는다.

석유를 둘러싼 백년 전쟁은 이제 한 지도자의 압송을 넘어, 라틴아메리카 전체를 다시 미국의 거대한 영향력 아래 묶어두려는 새로운 패권의 시대로 진입하고 있다.

미국과 베네수엘라, 보이지 않는 전쟁

제재의 연대기와 무너진 일상

7

7

포연 없는 전장과
13692호의 선포

전쟁은 더 이상 포연으로 시작되지 않는다. 오늘날의 전쟁은 회의실에서 시작된다. 폭격기는 이륙하지 않고, 대신 은행 서버가 닫힌다. 미사일은 발사되지 않지만, 결제 시스템이 끊긴다. 전쟁의 첫 희생자는 군인이 아니라 환자와 아이들이다. 그리고 이 모든 과정은 '제재'라는 말 한마디로 포장된다.

유엔헌장은 국가 간 무력 사용을 원칙적으로 금지하고(제2조 4항), 예외적으로 안전보장이사회가 승인한 집단적 조치를 허용한다(제7장). 이러한 제재는 다자적 합의의 산물이며, 이후 발전한 국제인권·인도법의 원칙에 따라 민간인 피해를 최소화해야 한다는 규범이 확립되어왔다. 그럼에도 미국은 유엔 승인과 별개로 자국 국내법과 행정명령에 근거해 특정 국가를 국제금융·무역 시스템에서 배제하는 제재를 시행해왔다. 유엔 인권이사회와 특별보고관들은 이러한 조치를 '일방적 강압 조치unilateral coercive measures'라고 비판해왔다.

그것은 국가 전체에 연결된 경제적 생명선을 하나씩 차단하는 방식이다. 수출입 통로를 좁히고, 외환 결제를 제약하며, 국제금융망에서 배제함으로써 해당 국가의 정상적 경제활동을 심각하게 위축시킨다. 법적으로는 식량과 의약품이 제재 대상이 아닐지라도, 금융거래가 막히면 결제 자체가 이루어지지 않는다. 그 결과 충격은 권력 핵심부보다 사회의 주변부에 먼저 도달한다. 타격을 받는 이들은 정치지도자보다 일반 시민일 가능성이 크다.

제재의 효과는 총탄처럼 즉각적이지 않다. 대신 느리게, 그러나 피할 수 없이 축적된다. 병원은 당장 문을 닫지 않는다. 대신 점점 더 많은 약이 품절된다. 발전소는 하루아침에 멈추지 않는다. 대신 정전 시간이 늘어난다. 식량은 갑자기 사라지지 않는다. 대신 배급 상자의 내용물이 줄어든다. 이 모든 변화는 통계로는 한참 뒤에야 드러나고, 그사이, 수많은 삶은 조용히 점멸해간다.

이 지점에서 제재는 더 이상 단순한 외교정책이 아니다. 그것은 비군사적 전쟁 혹은 전쟁의 새로운 표준 형태다. 폭격 없이 기반 시설을 파괴하고, 점령 없이 사회를 붕괴시키는 방식이다. 그리고 이 전쟁에는 명확한 전선도, 종전 선언도 없다. 제재는 행정명령 하나로 시작되고, 언제 끝날지 아무도 모른 채 지속된다.

　2015년 3월 8일, 버락 오바마 미국 대통령은 행정명령 13692호에 서명했다. 이튿날인 3월 9일에 공포된 이 문건은 베네수엘라의 '상황'이 미국의 국가안보와 외교정책에 대한 '이례적이고 특별한 위협unusual and extraordinary threat'을 구성한다고 적시하고, 그 위협에 대응하기 위한 국가비상사태를 선포한다. 해당 행정명령은 특정 베네수엘라 정부 관리들을 인권 침해 및 민주주의 훼손 혐의로 제재 대상으로 지정하고, 미국 내 자산동결 및 입국 제한을 부과하는 내용을 담고 있다.

　여기서 중요한 것은, 이 문장이 사실을 '설명'하는 문장이라기보다, 권한을 '발동'하는 문장이라는 점이다. "이례적이고 특별한 위협"이라는 표현은 감상평이 아니라 이후 추가적 제재 조치를 발동하기 위한 법적 근거가 된다. 이 제도적 레일 위에서 미국 재무부 해외자산통제국Office of Foreign Assets Control, OFAC의 제재 프로그램은 이후 여러 행정명령과 지정 조치로 확장될 수 있었다. 13692호가 '시작점'으로서 갖는 의미가 작지 않은 이유는, 국가비상사태가 '갱신 가능한 상태'로 유지되기 때문이다. 실제로 미국은 2015년의 비상사태 선포가 '여전히 지속된다'며 연장을 반복해왔고, 연장 공고는 연방관보Federal Register에 공식적으로 게재된다. 즉, 제재는 단발성 경고가 아니라, 매년 갱신되는 장기 구조로 정착될 수 있었다.

이 시점부터 베네수엘라는 국제금융의 언어로 이렇게 옮겨 적히기 시작한다. '정치적으로 위험한 국가.' '거래 비용이 치솟는 국가.' '리스크 관리 부서가 싫어하는 국가.' 오바마 행정명령은 베네수엘라의 '독성화'를 본격적으로 시작한 계기가 되었다. 세계 최대의 금융·군사 강대국이 표적으로 삼은 국가와의 거래를 국제투자자들과 기업들이 회피하기 시작한 것이다. 2016년, 시티은행은 위험관리 검토를 실시한 뒤 베네수엘라 중앙은행과 베네수엘라 은행의 계좌를 폐쇄하면서 이러한 흐름에 가장 먼저 동참한 금융기관이 되었다. 카라카스는 외채를 성실히 상환하고 있었음에도 불구하고, 차입 비용이 급격히 상승하는 상황에 직면했다.

최대 압박이 멈춰 세운
석유의 맥박

트럼프 행정부는 오바마 시기의 '특정 인물 제재' 수준을 넘어, 베네수엘라의 외화 조달과 석유 수익 흐름 자체를 겨냥하는 방향으로 제재를 단계적으로 확장했다. 2017년 8월 24일 행정명령 13808호는 그 전환점이었다. 이 조치는 베네수엘라 정부의 신규 채권·주식 발행에 미국인이 관여하는 것을 금지해, 국제금융시장에서 베네수엘라 정부와 PDVSA가 자금을 조달하는 통로를 사실상 봉쇄했다.

2019년 들어 제재 수위는 올라갔다. 2019년 1월 28일 미국은 PDVSA의 미국 내 자산을 동결했고, 미국 정유사들이 베네수엘라 원유를 구매하더라도 그 결제 대금이 마두로 정부가 통제하는 계좌로 흘러들어가는 것을 차단하는 구조를 만들었다. 미국이 역사적으로 베네수엘라 원유의 핵심 시장이었던 점을 고려하면, 이는 '금융 차단'을 넘어 석유 수익의 회수 자체를 막는 조치로 작동했다.

같은 해 8월 5일 행정명령 13884호는 제재를 사실상 '포위망'의 형태로 끌어 올렸다. 이 조치는 베네수엘라 정부의 재산·이익을 미국 관할권 내에서 전면 동결하고, 베네수엘라 정부와 '중대한 거래'를 수행하는 제3자에게도 제재 위험이 발생할 수 있는 구조를 명확히 했다. 1차 제재(직접 제재)에 더해 2차 제재(제3자 제재)가 전면적으로 작동할 수 있는 제도적 틀이 구축된 것이다.

이 시기 베네수엘라 경제는 이미 유가 하락과 산업붕괴로 심각한 침체에 빠져 있었고, 제재 확대는 외화 조달과 석유 수익 회수 능력을 추가로 압박했다. 국제통화기금[IMF]은 경제활동이 2013~2019년 사이 약 65% 축소됐다고 언급한 바 있으며, 초인플레이션은 2017년 말부터 본격화되는 양상을 보였다. 석유 생산량 역시 2017년 약 하루 190만 배럴 수준에서 2020년에는 대략 35만~50만 배럴 수준까지 크게 낮아졌다고 추정된다.

1차 및 2차 제재의 결합은 심각한 연료 부족 사태로도 이어졌다. 화력발전소를 가동할 디젤연료가 부족해지면서, 베네수엘라는 수력발전에 과도하게 의존하게 되었는데, 이마저도 수입 장비에 대한 접근 차단으로 타격을 입었다. 그 결과 2019년 3월, 대규모 전력 위기가 발생했다.

석유 부문에 대한 조치가 이미 베네수엘라 국민의 생계를 깊이 파괴하고 있었음에도, 제재 프로그램은 경제의 다른 핵심 부분들까지 차례로 붕괴시키는 방향으로 확대되었다. 2018년 3월, 미국 재무부 해외자산통제국은 제재를 우회하기 위해 불과 한 달 전에 만들어진 베네수엘라의 암호화폐 '페트로'를 제재 대상에 포함시켰다. 이어 2019년 3월에는 해당 암호화폐 사용에 협조했다는 이유로 러시아의 은행 에브로파이낸스 모스나르방크^{Evrofinance Mosnarbank}가 제재를 받았다.

막대한 금 매장량을 보유한 베네수엘라에서 광업 부문은 곧 다음 주요 표적이 되었다. 2019년 3월, 미국 재무부는 베네수엘라 국영 광업 회사인 미네르벤^{Minerven}을 제재 대상으로 지정해 미국 개인 및 기업과의 거래를 차단했다. 당시 카라카스 정부는 금을 외화 확보의 중요한 수단으로 활용하고 있었고, 이를 통해 식량·연료·의약품 등 필수 수입품의 결제를 이어가려 했다. 금 거래에 대한 제약은 정부의 외화 조달 경로를 더욱 좁히는 효과를 낳았다.

제재는 곧 통화·금융의 핵심 기관으로 확대되었다. 2019년 4월, 미국 재무부는 베네수엘라 중앙은행^{Banco Central de Venezuela, BCV}을 제재 대상으로 지정해 미국 금융시스템과의 거래를 제한했다. 이는 베네수엘라 정부의 달러 결제 및 국제금융 접근을 원천적으로 차단하는 조치였다. 이후 추가 행정명령과 지정 조치들은 베네수엘라 공공 금융기관 전반에 대한 리스크를 증폭시켰고, 여러 국제 은행들이 관련 계좌를 정리하거나 거래를 축소하는 결과로 이어졌다. 그 결과 베네수엘라는 국제 신용 접근성과 외화 조달 능력에서 한층 더 고립되는 구조에 놓였다.

전체 제재 프로그램은 2017년 9월과 2019년 5월, 미국 재무부 산하 금융범죄단속네트워크Financial Crimes Enforcement Network, FinCEN가 발행한 통지로 더욱 강화되었다. 이 통지들은 금융기관들에게 베네수엘라 관련 거래의 자금세탁 위험을 경고하며 감시 강화를 요구했다. 이는 금융기관들이 벌금 리스크를 피하고자 제재 대상이 아닌 필수 수입품 거래까지 스스로 중단하는 '과잉 준수'를 유발했고, 결과적으로 베네수엘라의 외화 조달 경로를 크게 위축시키는 효과를 낳았다. 이러한 조치들은 경제위기를 반전시킬 수 있는 정책적·금융적 선택지를 극도로 좁혀놓았다. 그럼에도 불구하고 2019년 8월, 워싱턴은 쿠바식 전면 봉쇄에 준하는 방식으로 '최대 압박' 캠페인을 한층 더 강화했다.

트럼프 행정부는 2019년 1월 베네수엘라 야권 정치인 후안 과이도가 '임시 대통령'을 자칭하자 이를 즉각 지지했다. 이른바 '병렬 정부'는 2023년 1월 야권 내부 결정으로 해산될 때까지 존속했다. 과이도 임시 정부는 워싱턴과 그 동맹국들이 동결한 베네수엘라의 은행 계좌와 국가 자산에 대한 대표권을 인정받았다. 여기에는 시장 평가액이 100억 달러를 넘는 CITGO 그리고 콜롬비아의 비료 회사 모노메로스^{Monómeros Colombo Venezolanos} 등이 포함되었다. 미국 재무부의 특정 라이선스하에 일부 자금이 임시 정부의 법률·행정 운영비와 외교 활동 비용 등으로 사용되었다. 그러나 이 과정에서 자금 집행의 투명성을 둘러싼 논란이 제기되었고, 특히 모노메로스의 경영 부실 의혹은 야권 내부 갈등을 심화시키는 중요한 요인이 되었다.

과잉 준수가 가로막은 생필품

미국 정부는 일관되게 말해왔다. 베네수엘라에 대한 제재는 문제가 있는 '정권과 그 주변 인물'을 겨냥한 것이며, 식량과 의약품 같은 인도적 물자는 제재 대상이 아니라는 것이다. 재무부 해외 자산통제국도 공식 문서에서 인도적 예외 조항의 존재를 반복해서 강조해왔다. 형식만 놓고 보면, 이 설명은 사실이다. 제재 문건 어디에도 '식량을 차단하라'거나 '굶주림을 유도하라'는 문장은 등장하지 않는다.

　　그러나 정책의 효과는 문구가 아니라 작동 방식에서 드러난다. 베네수엘라 사례에서 제재는 식량과 의약품을 직접 금지하지 않으면서도, 그것들이 국가 안으로 들어오는 경로 자체를 점점 더 취약하게 만드는 방식으로 작동했다. 이 지점에서 제재는 단순한 외교 압박을 넘어, 사회의 가장 기본적인 기능에 영향을 미치기 시작한다.

인도적 예외가 존재한다는 사실과, 그것이 실제로 작동하는 건 전혀 다른 문제다. 식량과 의약품을 수입하려면 단순히 '허용된 품목'이라는 조건만으로는 충분하지 않다. 결제를 처리할 은행, 운송을 맡을 선박, 보험을 제공할 회사 그리고 중개 과정을 감당할 금융인프라가 필요하다. 베네수엘라 제재의 핵심은 바로 이 중간 단계들이 동시에 위축되었다는 데 있다.

국제금융 기관들은 베네수엘라 관련 거래를 고위험으로 분류했고, 법적으로 허용된 거래라 하더라도 제재 위반 가능성과 평판 리스크를 이유로 서비스를 거부하거나 지연시키는 경우가 증가했다. 알레나 두한 유엔 특별보고관은 이를 '과잉 준수' 현상으로 규정하며, 인도적 예외가 실질적으로 위축되는 핵심 요인으로 지목했다. 그 결과 식량과 의약품은 공식적으로 금지되지 않았음에도, 결제 지연과 금융 서비스 거부로 인해 공급이 불안정해지는 상황이 반복되었다.

이 현상은 단기간에 나타난 것이 아니다. 2017년 이후 금융 접근성이 점점 악화되면서, 베네수엘라 정부와 민간 수입업자들은 점점 더 복잡하고 비용이 많이 드는 경로를 통해 물자를 들여와야 했다. 결제 지연은 곧 공급 지연으로 이어졌고, 그 부담은 가격 상승과 품질 저하라는 형태로 소비자에게 전가되었다.

베네수엘라 정부는 2016년 CLAP이라는 식량 배급 프로그램을 도입했다. 이 제도는 완전한 해결책은 아니었지만, 급격한 물가상승과 공급 불안을 겪는 노동계급 가정에 최소한의 완충 장치를 제공했다. CLAP 상자는 주로 수입 식료품으로 구성되었고, 국가가 대량 구매를 통해 가격을 낮추는 방식이었다.

문제는 프로그램이 제재 체제와 정면으로 충돌했다는 점이다. 2019년 이후 미국은 CLAP 프로그램과 연계되었다고 판단한 개인과 기업들을 제재 대상에 포함시켰다. 공식 명분은 부패와 불법 거래였다. CLAP에 관여한 기업과 중개인들이 제재 위험에 노출되면서, 식량 수입 자체가 급격히 위축되었다.

대표적인 사례가 콜롬비아 출신 사업가 알렉스 사브로, 그는 고평가된 국가 계약을 통해 부당이득을 취했다는 혐의를 받으며 제재 대상이 되었다. 마두로 정부의 외교 특사로 임명되었던 사브는 카보베르데에서 구금된 뒤 미국으로 인도되어 수감 생활을 했으나, 2023년 말 양국 간 수감자 맞교환을 통해 석방되었다. 2019년 9월과 2021년 1월, 미국 재무부는 CLAP 프로그램에 물자를 공급했다는 이유로 3명의 개인과 거의 30개에 달하는 기업에 대해 추가 제재를 발표했다.

이러한 굶주림 전술은 2020년 6월 트럼프 행정부가 베네수엘라 정부의 석유-식량 교환 거래를 제재 우회로 간주하고 강력히 단속하면서 더욱 심화되었다. 그 결과 약 600만~700만 가구의 노동계급 가정이 CLAP 물자의 물량 감소와 품질 저하를 겪었고, 식량 부족과 급격한 물가상승 속에서 식량 불안정이 광범위하게 확산되었다.

국경을 넘는
700만 명의 발자국

굶주림은 가장 먼저 눈에 띄는 결과였지만, 제재가 사회에 남긴 상처는 식탁에서 끝나지 않았다. 시간이 흐를수록 더 깊고 치명적인 균열은 의료 체계와 공공서비스 전반에서 드러나기 시작했다.

의약품과 의료 장비는 식량보다 더 복잡한 공급망이 필요하다. 단순한 수입 허가만으로는 충분하지 않다. 해외 제조사와의 계약, 국제결제, 운송과 보험, 장비 유지보수를 위한 부품 수급까지 이어지는 긴 사슬이 정상적으로 작동해야 한다. 베네수엘라의 문제는 이 사슬의 여러 고리가 동시에 약화되었다는 데 있다.

미국의 제재는 의료 물품을 직접 금지하지 않았다. 그러나 금융 접근이 제한되면서, 병원과 공공기관은 해외 공급업체에 대금을 지급하는 것부터 어려움을 겪었다. 국제 은행들이 베네수엘라 관련 결제를 꺼리자, 이미 체결된 계약조차 이행되지 않는 사례가 나타났다. 의료 물품은 '허용된 품목'이었지만, 지불할 수 없는 물품이 되었다.

이런 상황은 특히 만성질환자에게 치명적이었다. 인슐린, 항암제, 항레트로바이러스제(HIV 치료제), 투석 장비용 소모품처럼 지속적 공급이 필요한 의료 자원이 불안정해졌다. 일부 환자들은 약을 구하지 못해 치료를 중단했고, 병원은 수술 일정을 연기하거나 취소해야 했다.

2019년, 경제정책연구센터^{CEPR}의 경제학자 마크 와이스브롯과 제프리 삭스는 미국 제재가 2017~2018년 사이 약 4만 명의 초과 사망과 연관되어 있을 가능성을 제기했다. 이 연구는 제재 이후 의약품 수입 감소와 의료 접근성 악화를 주요 요인으로 분석했다.

베네수엘라를 방문한 유엔 인권 이사회^{UNHRC} 특별보고관 알레나 두한은 보다 구체적인 현장 관찰을 보고서에 담았다. 그녀는 2015년 이후 수입이 급감하면서 기본 의약품 부족이 심화되었고, 수십만 명의 환자가 치료 중단 위험에 놓여 있다고 밝혔다. 병원 장비의 상당수가 작동하지 않았고, 마취제와 항생제 부족으로 수술 건수가 줄어들었다는 점도 지적했다.

의료 위기는 전력, 수도, 교통 같은 공공서비스 문제와도 밀접하게 연결되어 있었다. 전력 생산과 송배전에 필요한 연료와

부품을 수입하기 어려워지면서 정전은 잦아졌고, 병원과 상수도 시설은 안정적인 운영을 보장받지 못했다. 의료 장비가 있어도 전력이 끊기면 무용지물이 된다. 연료 부족은 구급차 운행과 의약품 유통에도 직접적인 영향을 미쳤다. 약이 항구에 도착해도 내륙으로 옮길 수 없는 상황이 발생했고, 냉장 보관이 필요한 백신과 약품은 품질 저하 위험에 노출되었다. 이런 문제들은 개별 병원의 무능이나 행정 착오로 설명하기 어렵다. 그것은 물류·에너지·금융이 동시에 압박받는 구조에서 나타난 전형적인 결과였다.

제재의 효과는 사회 전체에 고르게 분포되지 않았다. 가장 큰 피해는 아동, 노인, 장애인, 만성질환자 같은 취약계층에 집중되었다. 백신 공급이 불안정해지면서 예방 가능한 질병의 위험이 커졌고, 영양 상태 악화는 아동 발달에 장기적 영향을 남겼다. 특히 해외에서 장기이식수술이나 전문 치료를 받던 일부 아동들의 사례는 국제 인권 단체 보고서에 반복적으로 등장한다. 이전에는 국가 자금이나 국제 프로그램을 통해 가능했던 치료가, 제재 이후 자금 동결과 결제 차단으로 중단되었다.

베네수엘라 제재의 가장 눈에 띄는 결과 가운데 하나는 대규모 이주다. 이 현상은 단기간의 정치적 사건에 대한 반응이 아니라, 장기간 누적된 생활 조건의 악화를 선택한 결과로 나타났다. 식량과 의료의 불안정, 일자리의 축소, 공공서비스의 붕괴는 사람들을 국경 밖으로 밀어냈고, 그 규모는 라틴아메리카 현대사에서 전례를 찾기 어려울 정도로 커졌으며 의사, 간호사, 교사, 엔지니어, 기술자 등의 두뇌 유출도 낳았다. 유엔에 따르면, 2015년 이후 700만 명의 베네수엘라인이 해외로 이주해 거주하고 있다(베네수엘라 정부는 이 수치가 과장되고 왜곡되었다고 주장한다).

베네수엘라 이주민 급증은 떠난 사람들만의 문제가 아니었다. 인접 국가들은 갑작스럽게 유입된 수백만 명의 이주민을 수용해야 했고, 이는 교육, 의료, 주거, 노동시장에 새로운 부담을 가했다. 국제사회는 인도적 지원을 약속했지만, 실제 지원 규모는 수요에 비해 충분하지 않은 경우가 많았다. 이 점은 제재의 영향이 국경을 넘어 확산된다는 사실을 보여준다. 한 국가를 겨냥한 정책이 주변 국가들의 사회·재정적 부담으로 전이되는 것이다. 이주를 '국내 문제'로만 볼 수 없는 이유가 여기에 있다.

이주가 장기화되면서 베네수엘라 사회 내부의 구조도 변했다. 생산가능인구의 감소, 가족의 분산, 송금 의존도의 증가는 사회의 작동 방식을 바꾸었다. 송금은 일부 가정의 생계를 지탱하는 안전망이 되었지만, 동시에 국내 경제의 자립적 회복을 어렵게 만드는 요인으로 작용하기도 했다.

결국 대규모 이주는 위기의 '출구'가 아니라, 위기가 사회에 남긴 지속적인 흔적이었다. 떠난 사람들과 남은 사람들 모두에게, 이주는 정상 상태로 돌아가기 어려운 조건을 고착화했다. 베네수엘라의 이주 위기는 단순한 인구이동이 아니다. 그것은 제재, 경제위기, 공공서비스 붕괴가 결합된 결과이며, 그 영향은 국경을 넘어 확산되었다. 이 지점에서 제재는 더 이상 특정 정부에 대한 압박 수단이 아니라, 지역 전체의 사회구조를 바꾸는 요인으로 등장한다.

합법의 그늘에 숨은
집단적 처벌

베네수엘라 제재를 둘러싼 논쟁에서 미국이 내세우는 논리는 단순하다. 제재는 합법적이며, 주권국가가 자국의 외교정책 수단으로 선택할 수 있는 조치라는 주장이다. 이 논리는 국제사회에서도 일정 부분 통용되어 왔다. 실제로 유엔안전보장이사회가 승인하지 않은 제재라 하더라도, 개별 국가가 자국법에 근거해 경제적 제한을 가하는 행위 자체가 즉각적인 불법으로 간주되는 것은 아니다.

그러나 문제는 여기서 끝나지 않는다. 국제법에서 합법성은 종종 형식적 요건을 의미하지만, 국제 인권법과 인도법의 영역에서는 정당성이 별도의 판단 기준으로 등장한다. 베네수엘라 제재를 둘러싼 논쟁의 핵심은 바로 이 지점, 합법과 정당성 사이의 간극에 놓여 있다.

유엔 인권 체계는 오랫동안 '일방적 강압 조치'라는 개념으로 정의되는 행위에 대해 문제 삼아왔다. 이는 유엔안보리의 승인 없이 특정 국가가 다른 국가에 경제·금융·무역상의 압박을 가하는 행위를 가리킨다. 이 개념은 단순한 정치적 비판이 아니라, 인권침해 가능성을 판단하기 위한 법적·규범적 틀이다.

2023년 4월 유엔 인권 이사회는 일방적 강압 조치가 국제 인권법에 위배될 수 있다는 점을 재확인하며, 이러한 조치의 사용을 규탄하고 즉각적인 철회를 촉구했다. 이 결의는 특정 국가만을 지목하지는 않았지만, 베네수엘라 사례는 그 논의의 중심에 있었다. 이 지점에서 중요한 점은, 유엔 인권 메커니즘이 제재의 의도를 판단하지 않는다는 사실이다. 살펴보는 것은 '결과'다. 제재가 광범위한 인권침해, 특히 생명권, 건강권, 식량권으로 이어졌는지 여부가 판단의 기준이 된다.

국제인도법에서 가장 강한 언어로 금지되는 행위 중 하나는 집단적 처벌 collective punishment 이다. 제네바협약과 헤이그 규칙은 민간인을 대상으로 한 집단적 처벌을 명시적으로 금지한다. 이 개념은 전통적으로 군사점령 상황에서 논의되었지만, 현대 국제법 논의에서는 경제제재의 효과를 평가하는 데에도 적용되어야 한다는 주장이 힘을 얻고 있다.

베네수엘라 제재가 이 기준에 해당하는지에 대해서는 논

쟁이 있다. 미국 정부는 제재가 특정 인물과 기관을 겨냥한 것이며, 민간인을 대상으로 한 처벌이 아니라고 주장한다. 그러나 제재의 실제 효과—의약품 부족, 의료 접근성 악화, 식량 불안정, 초과 사망—가 광범위한 민간 피해로 나타났다는 점은 여러 연구와 유엔 보고서에서 반복적으로 확인된다.

여기서 쟁점은 단순하다. 정책이 반복적으로 같은 결과를 낳는다면, 그 정책은 결과에 대한 책임에서 자유로울 수 있는가? 제재가 법적으로 '허용된 수단'이라 하더라도, 그 효과가 민간 사회 전반에 구조적 피해를 입힌다면, 이는 집단적 처벌의 성격을 띤다고 평가될 수 있다.

미국과 제재 지지국들은 인도적 예외 조항의 존재를 들어 이러한 비판을 반박해왔다. 그러나 유엔 특별보고관들은 일관되게 지적한다. 인도적 예외는 존재하지만, 효과적이지 않다는 것이다. 은행과 기업의 과잉 준수, 결제 차단, 운송과 보험 문제는 예외 조항을 사실상 무력화시켰다. 법적으로 허용된 예외가 현실에서 작동하지 않는다면, 그 예외는 면책 사유가 되기 어렵다. 국제 인권법의 관점에서 중요한 것은 규정의 문구가 아니라, 사람들의 삶에 미친 실제 영향이다.

미국의 제재는 자국법과 행정명령에 근거해 시행되었다. 이 점에서 형식적 합법성을 갖추고 있다는 주장은 일정 부분 타당하다. 그러나 국제 인권 체계는 한 걸음 더 나아간 질문을 던진다. 그 합법성은 정당성을 담보하는가? 정당성을 판단하는 기준은 단순히 '적법했는가'에만 머물러서는 안 되고, 다음과 같은 본질적인 질문을 던져야 한다.

- 그 조치가 비례적이었는가?
- 민간인 피해를 최소화하기 위한 실질적 장치가 작동했는가?
- 예상 가능한 피해가 반복적으로 발생했음에도 정책이 수정되었는가?

베네수엘라 제재의 경우, 이러한 질문들에 대한 답은 점점 더 불리해진다. 피해가 축적되고 국제기구의 경고가 이어졌음에도, 제재 체계는 본질적으로 유지되었고, 완화는 제한적이고 조건부로만 이루어졌다.

국제법과 인권의 관점에서 볼 때, 베네수엘라 제재는 회색지대에 놓여 있다. 형식적으로는 합법성을 주장할 수 있지만, 그 결과는 인권침해의 문턱을 반복적으로 넘나들었다. 여기서 책임은 단일 행위자에게만 귀속되지 않는다. 제재를 설계한 정부, 이를 집행한 기관 그리고 그 효과를 축소하거나 외면한 국제사회 전체가 질문의 대상이 된다. 정권교체라는 정치적 목표를 위해, 사회 전체가 치른 대가는 과연 정당화될 수 있는가. 이 질문은 베네수엘라에만 국한되지 않는다. 이는 21세기 국제정치에서 제재가 어떤 기준으로 사용되어야 하는지를 묻는, 보다 보편적인 문제다.

언론이 직조한
거대한 침묵과 프레임

베네수엘라에 대한 미국의 제재가 장기간 유지될 수 있었던 이유를 군사력이나 외교문서에서만 찾을 수는 없다. 이 정책이 국제 사회에서 광범위한 도덕적 저항에 직면하지 않았던 이유를 설명하려면, 반드시 하나의 행위자를 더 살펴봐야 한다. 바로 주류 언론이다.

주류 언론은 베네수엘라 사태를 지속적으로 보도해왔다. 이 언론들은 제재의 결과를 체계적으로 축소하거나 주변화했고, 제재를 정당화하는 전제를 독자에게 반복적으로 주입했다. 이 과정은 우발적인 실수가 아니라, 일정한 보도 관행의 축적으로 나타났다. 서방 언론은 '부정선거'와 '독재자'라는 프레임을 반복 사용하여 베네수엘라 정권의 정통성을 훼손하는 동시에, 미국의 경제제재가 민중의 삶에 미친 파괴적 영향은 의도적으로 축소 보도해왔다.

목적은 단순하다. 베네수엘라 정부가 비민주적이며 따라서 정통성이 없다는 점을 확립하는 것이다. 그렇게 함으로써 정권교체 시도를 '민주주의를 위한 투쟁'으로 포장할 수 있다. 문제는 이 전제가 근거 없을 뿐 아니라 사실과도 다르다는 점이다. 예를 들어 2018년 선거에는 현장에서 활동한 다수의 국제 선거 감시단이 있었고, 이들은 투표를 자유롭고 공정한 것으로 승인했다.

또 하나 반복되는 서술은 제재의 성격을 개인 제재로 축소하는 방식이다. "미국은 인권침해 혐의로 마두로 정권 인사들을 제재했다." 이 문장은 중요한 사실을 가린다. 실제로 결정적인 제재는 석유산업, 금융거래, 수입 결제 등 국가경제의 핵심 부문을 겨냥했다. 이는 이미 확인했듯이, 사회 전체에 영향을 미치는 조치였다. 그럼에도 주류 언론은 제재를 '정권 인사 처벌'로 묘사함으로써, 그 파급 효과를 개인의 문제로 환원한다. 이 서술 구조 속에서 민간 사회가 겪는 피해는 우연한 부작용이 되거나 아예 서술 밖으로 밀려난다.

언론이 사용하는 또 하나의 기법은, 검증된 사실을 '마두로의 주장'으로 격하하는 방식이다. "마두로는 미국의 제재가 경제를 붕괴시켰다고 주장한다." 이 문장은 결정적인 정보를 누락한다. 미국 제재의 경제적·인도적 영향을 분석한 것은 마두로가 아니라 경제정책연구센터, 유엔 특별보고관, 국제 인권 단체들이었다. 그러나 이러한 연구 결과는 종종 '마두로의 주장'과 같은 문단에 묶여 소개되거나 아예 인용되지 않는다. 이 기법의 효과는 명확하다. 독자는 제재의 피해를 정치적 수사로 인식하게 되고, 독립적 연구 결과는 신뢰할 만한 사실이 아니라 '논쟁적 주장'으로 밀려난다.

가장 눈에 띄는 특징은 숫자의 부재다. 경제정책연구센터가 추정한 2017~2018년 사이 약 4만 명의 초과 사망, 유엔 보고관들이 경고한 의료·영양 위기, 백신 미접종 아동 수백만 명이라는 수치는 서방 언론 보도에서 거의 등장하지 않는다. 이 현상은 기묘하다. 세계 어느 지역의 인도적 위기에서도 사망자 수는 핵심 정보로 다뤄진다. 그러나 베네수엘라의 경우, 사망과 고통은 통계로 제시되지 않는다. 이는 독자가 정책의 비용을 계산할 수 없게 만드는 효과를 낳는다.

발언권의 비대칭도 문제다. 미국 고위 공무원이나 유력 정치인들의 발언은 거의 자동적으로 인용되는 반면, 제재의 인도적 영향을 비판한 유엔 특별보고관 알레나 두한이나 알프레드 데 자야스의 목소리는 거의 등장하지 않는다. 언론은 특정 시각을 정상적 의견으로 만들고, 다른 시각을 비주류 혹은 급진적 주장으로 고립시킨다. 그렇게 형성된 여론 공간에서, 제재에 대한 근본적 재검토는 애초에 논의 대상이 되기 어렵다.

이 모든 과정을 하나의 음모로 설명할 필요는 없다. 기자들은 그저 출입처의 언어를 반복하고, 편집국이 익숙한 프레임을 유지하며, 독자가 기대하고 예상하는 서사를 재생산하는 것만으로도 충분하다. 그렇게 언론은 의도치 않게 그러나 지속적으로 정치권력과 기능적 공모 관계를 형성한다. 베네수엘라 제재는 그렇게 유지되었다. 비판은 주변화되었고, 피해는 숫자에서 사라졌으며, 정책은 도덕적 검증 없이 반복되었다. 이 모든 선택은 과연 불가피했는가?

제8장

다극화 시대, 중남미의 선택은

미·중 패권이 충돌하는 새로운 전선

8

미국의 비반구 국가
퇴출 전략

앞선 장에서 보았듯, 트럼프 행정부는 서반구를 미국 안보의 최전선으로 재규정하고 있다. 그렇다면 미국은 국가안보전략이라는 공식 문건에서 중국과 같은 외부 세력을 어떤 존재로 인식하고 있을까.

2025년 12월에 발표된 국가안보전략에서는 중국을 지칭할 때 '경쟁국'이나 '라이벌'이라는 익숙한 표현 대신 '비非반구 국가non-Hemispheric competitors'라는 용어를 사용한다. 이 표현은 단순한 지리적 구분이 아니다. 서반구는 본질적으로 미국의 안보 공간이며, 그 공간에 외부 세력이 개입하는 것 자체가 문제라는 인식이 전제돼 있다. 다시 말해, 중국의 존재는 경쟁의 대상이 아니라 경계와 배제의 대상이다.

국가안보전략은 서반구를 미국의 안보, 국경 안정, 경제적 이해관계가 직접 맞닿아 있는 공간으로 규정한다. 역내 항만, 에너지 인프라, 통신망, 핵심 광물과 같은 자산이 외부 경쟁국의 소유나 통제 아래 놓이는 상황을 용납하지 않겠다고 명시한다. 문건 곳곳에는 '방지' '부정' '차단'과 같은 통제의 논리가 반복되며, 경제활동의 영역은 이내 안보의 영역으로 전환된다. 이는 중국의 서반구 활동을 하나의 새로운 현실로 받아들이기보다는, 관리하고 억제해야 할 위험 요소로 인식하고 있음을 보여준다.

또 하나 주목할 대목은 서반구 국가들의 '선택'이 문제시된다는 점이다. 국가안보전략 문건에서는 파트너 국가들이 잘못된 선택을 하지 않도록 유도해야 한다고 말한다. 이는 라틴아메리카 국가들이 중국을 선택할 수 있는 환경과 여건 그 자체를 불안 요인으로 본다는 뜻이다. 이처럼 국가안보전략은 미국이 세계를 바라보는 인식의 틀을 날것 그대로 드러낸다. 이러한 미국의 불안이 지나친 과장인지, 아니면 실제 변화를 포착한 것인지는 결국 현실 속에서 판단해야 할 문제다. 이제 시선을 돌려, 중국이 실제로 서반구에서 어떤 활동을 펼쳐왔는지를 살펴볼 차례다.

은의 경로를
다시 뚫는 중국

중남미와 카리브해 지역 Latin America and the Caribbean, LAC에서 전개되고 있는 중국의 영향력 확대는 단순히 경제적 교역의 증가를 넘어, 지난 2세기 동안 이 지역을 지배해온 지경학적 질서의 근본적인 재편을 의미한다. 과거 미국이 '먼로 독트린'을 통해 서반구를 자국의 독점적 영향권으로 설정했던 시대의 전제는 이제 중국의 부상, 글로벌 공급망의 다변화 그리고 중남미 국가들의 전략적 자율성 확보 의지가 맞물리며 역사의 뒤안길로 사라지고 있다. 21세기 들어 중남미는 더 이상 단일 패권의 '뒷마당'이 아니라, 기술 표준, 에너지 주권 그리고 물류 거점을 둘러싼 거대 강대국 간 경쟁의 중심지로 부상했다.

중국의 중남미 진출을 최근의 현상으로만 이해하는 것은

역사적 깊이를 간과하는 것이다. 이미 1565년부터 1815년 사이, 스페인의 마닐라 갤리온 Galéon de Manila 무역은 아시아와 아메리카 대륙을 잇는 최초의 글로벌 해상 경로를 구축했다. 당시 '나오 데 치나 Nao de China'로 불렸던 이 무역선들은 멕시코 아카풀코와 필리핀 마닐라를 오가며 중국의 비단, 도자기, 향신료를 가져왔고, 그 대가로 신新스페인(멕시코)과 페루에서 채굴된 엄청난 양의 은銀을 중국으로 운송했다. 역사적 추산에 따르면 당시 신대륙에서 생산된 은의 약 3분의 1이 중국의 화폐 수요를 충족시키기 위해 동아시아로 유입되었으며, 이는 중국의 내부경제 수요가 서반구의 자원 생산 구조에 직접적인 영향을 미쳤던 첫 번째 사례였다.

식민지 질서와 냉전기를 거치며 단절되었던 이 관계는 2001년 중국의 세계무역기구WTO 가입을 기점으로 폭발적인 전환을 맞이했다. 중국의 세계무역기구 가입은 단순히 시장개방을 넘어, 전 세계 원자재 시장에 거대한 수요 충격을 가져왔다. 중국의 공업화에 필수적인 철광석, 구리, 대두 등의 자원을 보유한 브라질, 칠레, 페루와 같은 국가들에게 중국은 거부할 수 없는 경제적 대안으로 부상했다. 2000년대 초반 약 120억 달러 수준이었던 양측의 교역 규모는 이후 20여 년간 기하급수적으로 성장하여 2024년에는 5천억 달러를 돌파했다. 이러한 성장은 단순한 통계적 수치를 넘어, 중남미 국가들이 기존의 미국 및 유럽 중심 무역 구조에서 벗어나 대외 경제 파트너를 다변화하려는 전략적 선택의 결과이기도 하다.

최근 2024년과 2025년 사이의 무역 데이터를 분석해보면, 중국과 중남미의 관계가 더욱 긴밀해지고 있음을 알 수 있다. 특히 미국이 중국산 제품에 대해 30%에서 최대 145%에 달하는 고율 관세를 부과하기 시작하면서, 중국은 신흥시장·대체시장으로 수출을 다변화했다. 그 과정에서 중남미가 중국 수출의 흡수처 중 하나로 부상했다. 2025년 1~5월 기준 자료에 따르면, 중국의 대브라질 수출은 전년 동기 대비 25% 급증하여 300억 달러를 기록했으며, 아르헨티나로의 수입액은 거의 2배로 증가했다. 이는 중국이 미국 시장에서의 손실을 신흥시장인 중남미에서 만회하려는 '전략적 재지향'의 일환으로 해석된다.

현재 중국은 브라질, 칠레, 페루의 최대 무역 상대국이며, 아르헨티나와 우루과이에서도 핵심적인 위치를 점하고 있다. 특히 브라질은 중국 전체 대두 수입의 70% 이상을 공급하는 핵심 파트너로 자리 잡았으며, 중국 국영 농업 기업인 중량집단COFCO은 브라질 산투스항에 최대 규모의 수출 터미널을 건설하여 2026년까지 옥수수와 대두 수출 역량을 1400만 톤까지 확대할 계획이다. 이러한 교역 구조는 중국에게는 안정적인 자원 공급망을, 중남미 국가들에게는 미국 보호무역주의의 파고 속에서 경제적 안정성을 제공하는 상호 보완적 관계로 진화하고 있다.

중국의 중남미 금융 전략은 지난 10년 동안 중요한 질적

변화를 겪었다. 2005년부터 2015년 사이 중국개발은행^{CDB}과 수출입은행^{CHEXIM}은 베네수엘라, 에콰도르 등에 막대한 규모의 차관을 제공했으나, 이후 일부 국가의 채무불이행 리스크와 중국 내부의 경기 둔화가 맞물리며 이러한 방식은 급격히 감소했다. 2024년 기준 중국의 대중남미 정책 금융은 약 28억 달러 수준으로 회복되었으나, 이는 과거의 정점기에 비하면 현저히 낮은 수준이다.

대신 중국은 이제 기업 주도의 외국인 직접 투자^{Foreign Direct Investment, FDI}와 지분 참여 방식으로 무게중심을 옮겼다. 이러한 변화는 이른바 '신新인프라' 분야에서 두드러진다. 과거의 댐, 도로 건설과 같은 전통적 인프라 사업에서 전기차, 재생에너지, 디지털통신, 인공지능 분야로 투자가 집중되고 있는 것이다. 2022년에 중국의 대중남미 투자 중 신인프라 관련 비중은 약 58%에 달했다. 이는 중국이 단순히 자원을 수입하는 단계를 넘어, 중남미 현지에 생산 거점을 구축하고 공급망을 장기적으로 내재화하려는 고도의 전략을 구사하고 있음을 보여준다.

중국은 중남미 국가들과의 관계를 제도적으로 공고히 하기 위해 자유무역협정^{Free Trade Agreement, FTA} 체결에도 박차를 가하고 있다. 2024년에는 니카라과 및 에콰도르와의 자유무역협정이 본격적으로 발효되었다. 니카라과와의 협정은 중국이 서비스 및 투자 분야에서 '네거티브 리스트' 방식을 도입한 최초의 사례로,

니카라과산 설탕과 해산물의 대중 수출이 발효 첫해에 200% 이상 급증하는 성과를 거두었다. 또한 에콰도르 자유무역협정 발효 이후 2024년 5~12월 중국의 대에콰도르 누적 수입은 57.8억 달러로 전년 동기 대비 10.1% 증가했다.

기존에 자유무역협정을 체결했던 칠레와 페루와의 관계 역시 '업그레이드'를 통해 더욱 심화되고 있다. 칠레와의 교역액은 2024년 616억 달러를 기록하며 협정 초기보다 8배 이상 성장했으며, 칠레산 와인의 대중 수입은 관세 철폐 이후 13배나 증가했다. 페루 역시 중국을 최대 교역국으로 두고 있으며 구리와 농산물 수출을 확대하고 있다.

찬카이항과 리튬이 만드는
새로운 혈맥

중국의 중남미 전략에서 가장 상징적인 프로젝트는 페루의 찬카이^{Chancay} 메가포트 건설이다. 2024년 11월, 시진핑 주석의 페루 방문 일정에 맞춰 공식 개항한 이 항만은 중국 국영 해운사인 코스코 시핑^{COSCO Shipping}이 주도한 35억 달러 규모의 거대 프로젝트다. 찬카이 항만은 단순한 항구가 아니라, 남미와 아시아를 잇는 물류의 중심축을 바꾸기 위해 설계되었다.

이 항만의 도입으로 남미에서 아시아로 가는 해상운송 시간은 기존보다 약 10일 단축될 것으로 예상되며, 물류비용은 20% 이상 절감될 전망이다. 찬카이 항만은 17.8미터의 수심을 확보하여 18,000 TEU급 이상의 초대형 컨테이너선이 직접 입항할 수 있는 남미 최초의 스마트·그린 항만으로 구축되었다. 또한 중국은 이 항만을 브라질의 대서양 연안과 연결하는 '이중해양 철도^{Bi-Oceanic Railway}' 건설을 추진하고 있다. 만약 이 프로젝트가 실현된다면, 브라질의 대두와 철광석은 파나마운하를 거치지 않고 안데스산맥을 넘어 바로 아시아로 향하게 된다. 이는 미국의 영향력 아래 있는 파나마운하에 대한 의존도를 낮추고, 중국 중심의 새로운 물류 네트워크를 구축하려는 거대한 지경학적 포석이다.

중국의 영향력은 항만과 철도 같은 물리적 인프라를 넘어 디지털 영역으로 확장되고 있다. 특히 화웨이^{Huawei}를 중심으로 한 중국 통신 기업들은 중남미 4G·5G 무선접속망^{RAN} 시장에서 중요한 공급자로 자리 잡고 있다. 시장조사 기관 Omdia에 따르면 화웨이는 라틴아메리카·카리브해 지역에서 1위 RAN 공급업체로 평가되며, 중남미 통신 인프라가 중국 기업에 구조적으로 깊이 연결되어 있음을 보여준다. 브라질의 경우 주요 통신사 4G 네트워크 장비의 약 절반을 화웨이가 공급하고 있으며, 이러한 인프라 위에서 5G 전환이 진행되고 있다. 미국이 보안 문제를 이유로 중국산 장비 배제를 압박해 왔지만, 다수의 중남미 국가들은 비용 효율성과 기술적 우수성을 이유로 중국을 선택하고 있다.

중국의 디지털 확장은 통신 장비 공급을 넘어 클라우드와 도시 디지털 인프라 영역으로 확대되고 있다. 화웨이는 브라질 상파울루에 클라우드 리전^{region}을 운영하며 라틴아메리카 시장을 공략하고 있고, 멕시코·칠레 등에서도 데이터 인프라를 확장하고 있다. 이는 단순 서버 임대를 넘어 AI·빅데이터·산업용 클라우드를 결합한 통합 서비스 전략의 성격을 띤다. 스마트시티 분야에서도 브라질과 에콰도르 등 일부 국가에서 교통 관리와 공공안전 네트워크 구축 사업에 중국 기업들이 참여해 왔다. 일부 사례에서는 운영 지원과 데이터 관리가 결합된 형태도 확인된다. 이러한 흐름은 단순 인프라 건설을 넘어 도시의 디지털 운영 체계와 접점을 넓혀가는 방향으로 전개되고 있다.

중국의 중남미 전략에서 우주 인프라는 점점 더 가시적인 축으로 부상하고 있다. 핵심은 2020년 베이더우BeiDou Navigation Satellite System,BDS 3호 체계의 전면 가동 이후 확대된 위성 항법·지구관측 협력이다. 1988년 협정 체결 이후 30년 넘게 지속된 중국·브라질 공동 위성 프로그램China Brazil Earth Resources Satellite program, CBERS 은 농업·산림·환경 관리에 활용되는 지구관측 데이터를 제공해왔다. 최근에는 베이더우 기반 위치 정보 기술을 정밀농업과 물류관리에 적용하기 위한 협력과 시험 사업도 추진되고 있다.

중국은 베네수엘라에는 통신·원격탐사 위성을, 볼리비아에는 통신위성을 제작·발사하고 지상 운용체계까지 구축했다. 이러한 협력은 위성 제작, 발사, 지상국 설치, 데이터 운용을 아우르는 장기적 구조를 형성하며, 중남미 여러 국가를 중국의 글로벌 위성 네트워크와 연결하는 방향으로 발전하고 있다.

전 세계적인 에너지 전환 흐름 속에서 아르헨티나·칠레·볼리비아로 이어지는 이른바 '리튬 삼각지대'는 중국 기업들에게 중요한 전략 공간으로 부상했다. 이 지역은 전 세계 리튬 자원의 상당 부분이 집중된 곳으로, 중국 기업들은 단순 광산 지분 투자에 그치지 않고 정련·소재·배터리로 이어지는 가치사슬 전반에 관여해왔다.

볼리비아에서는 2023년 중국 배터리 기업 CATL이 참여한 CBC 컨소시엄이 약 14억 달러 규모의 직접 리튬 추출Direct Li Extraction, DLE 설비 계약을 체결했고, 2024년에는 추가 파일럿 설비 합의도 이뤄졌다. 다만 해당 사업은 환경 소송과 의회 승인 절차 등의 변수로 실제 상업 생산까지는 불확실성이 남아 있다.

아르헨티나에서는 간펑 리튬Ganfeng Lithium이 후후이주 카우차리-올라로스 염호 프로젝트 지분 약 46~47%를 보유하고 이미 상업 생산 단계에 진입해, 채굴·가공 분야에서 중국 기업의 실질적 존재감을 보여주고 있다. 칠레에서는 중국 텐치 리튬Tianqi Lithium이 2018년 약 40억 달러를 투자해 칠레 최대 리튬 생산 기업 SQMSociedad Quimica y Minera de Chile 지분 약 22%를 취득했으며, 최근 일부 지분을 매각했지만 여전히 주요 주주로 남아 있다.

한편 칠레 정부는 국영 광산기업 코델코Corporacion Nacional del Cobre de Chile, Codelco가 지분 51%를 보유하는 합작 구조로 아타카마 염호 리튬 사업을 재편하면서, 핵심 생산 사업의 운영 주도권을 국가가 틀어쥐는 구조로 전환하고 있다.

중국의 운명 공동체라는
수평적 연대와 실용주의

21세기 국제질서의 변화를 살펴보면, 세계경제의 축이 이동하고 지정학적 경쟁이 다층화되면서 한동안 '주변부'로 간주되었던 지역들이 부상하고 있다. 중남미와 카리브해 지역은 그 대표적인 사례다. 이 지역은 인구 6억 5천만 명, 풍부한 천연자원, 전략적 해상로 그리고 무엇보다 미국의 전통적 영향권이라는 상징성을 동시에 지닌 공간이다. 오래전부터 미국은 먼로 독트린을 천명하며 이 지역을 사실상 자국의 안보·경제 후방으로 간주해왔다. 그러나 21세기에 들어 그 전제는 더 이상 자명하지 않게 되었다.

중국의 급부상, 글로벌 사우스(비서구권, 개발도상국 또는 제3세계 국가)의 정치적 자의식 강화, 미국의 상대적 영향력 저하가 겹치면서, 중남미는 미·중 전략 경쟁의 주요 무대로 떠오르고 있다. 중요한 점은, 이 경쟁이 단순한 세력 다툼이 아니라 서로 다른 세계관과 질서 구상이 충돌하는 장이라는 사실이다.

중국은 이 지역을 '중국-중남미 운명 공동체'라는 담론 속에 위치시키며, 새로운 글로벌 거버넌스의 일부로 편입시키려 한다. 반면 미국은 2025년 국가안보전략에서 서반구를 명시적으로 '배타적 안보 공간'으로 재정의하며, 외부 세력의 개입 자체를 문제시한다. 같은 공간을 바라보는 두 시선은, 출발점부터 다르다.

중국의 중남미 정책을 이해하기 위해서는, 이 지역을 바라보는 중국의 인식 틀부터 살펴볼 필요가 있다. 중국 정부가 2025년 12월에 발표한 '중남미 및 카리브 지역 정책 문건'은 이 지역을 단순한 협력 대상이나 자원 공급처로 묘사하지 않는다. 문건의 서두에서 중국은 중남미를 "글로벌 사우스의 중요한 구성원이며, 다극화 세계질서의 핵심적 행위자"로 규정한다. 이 인식은 우연이 아니다. 중국은 스스로를 여전히 '글로벌 사우스의 일원'으로 규정하며, 중남미와의 관계를 수직적 원조 관계가 아닌 수평적 연대 관계로 서술한다. 이는 미국의 전통적인 '후견-피후견' 구도와 의도적으로 대비되는 지점이다.

중국 문건에서 반복적으로 등장하는 표현은 '평등' '상호 존중' '내정 불간섭'이다. 이는 외교 수사에 그치지 않는다. 중국은 중남미 국가들의 정치체제, 이념적 성향, 대외 노선을 문제 삼지 않으며, 좌파·우파 정부를 가리지 않고 협력을 확대해왔다. 이러한 접근 방식은 중국이 중남미를 미국의 영향권을 침식하기 위한 전장으로 보기보다는, 장기적 파트너십을 구축할 공간으로 인식하고 있음을 보여준다.

중국의 중남미 정책은 느슨한 협력의 나열이 아니라, 비교적 명확한 구조를 갖는다. 핵심 개념은 이른바 '중국-중남미 운명 공동체 China–LAC Community with a Shared Future'다. 이 개념은 중국 외교 전반에서 사용되는 '인류 운명 공동체' 담론의 지역적 변형이다. 중국의 정책 문건은 이를 다섯 개의 프로그램으로 구체화한다. 연대 solidarity, 발전 development, 문명 civilization, 평화 peace, 인적 교류 people-to-people connectivity. 이 다섯 축은 단순한 수사가 아니라, 실제 정책 수단과 연결되어 있다.

중국의 중남미 정책에서 가장 두드러지는 축은 단연 발전 프로그램이다. 여기에는 일대일로, 글로벌 개발 구상 Global Development Initiative,GDI, 인프라 투자, 에너지·자원 협력, 제조업 및 농업 협력이 포함된다. 중국은 중남미 국가들의 만성적 병목으로 지적되어온 인프라 부족을 핵심 협력 분야로 설정했다. 앞서 언급했다시피 항만, 철도, 도로, 전력망, 통신인프라에 대한 중국 기업과 금융기관의 진출은 이미 상당한 수준에 이르렀다. 중요한 점은, 중국이 이를 정치적 조건과 분리하려 한다는 점이다. 중국 문건은 개발 원조와 금융 지원에 있어 '정치적 조건을 부과하지 않는다'는 원칙을 명시적으로 강조한다. 이는 민주주의, 인권,

거버넌스 개혁을 조건으로 내세워온 미국·서방의 접근과 뚜렷이 대비된다.

중국의 금융 협력 또한 주목할 만하다. 중국은 위안화 결제 확대, 통화스와프, 중국계 개발 금융을 통해 달러 중심 금융 질서에 대한 완만한 우회로를 제공한다. 이는 단기적으로는 중남미 국가들의 선택지를 넓히는 효과를 갖고, 장기적으로는 미국의 금융 제재 수단이 갖는 전면적 압박 효과를 부분적으로 약화시키는 방향으로 작용한다. 중국은 이를 '탈달러화'라는 정치적 구호로 포장하지 않는다. 대신 '금융 안정성' '외부 충격 완화'라는 실용적 언어를 사용한다. 바로 이 점에서 중국 전략의 특징이 드러난다. 이념 대신 실용, 선언 대신 제도다.

미국과 중국 사이에 선 중남미

미국의 중남미 정책은 중국과 출발점부터 다르다. 중국이 이 지역을 '글로벌 사우스의 핵심축'으로 재규정하며 새로운 질서 설계의 일부로 포섭하려 한다면, 미국은 중남미를 여전히 자국 안보의 전제 조건으로 인식한다. 2025년 국가안보전략은 이 인식을 노골적으로 드러낸다. 미국은 서반구를 "미국의 안전, 번영, 주권을 보장하기 위한 핵심 공간"으로 규정하며, 이 지역에서의 우선 목표를 네 가지로 요약한다. 대규모 이주 차단, 마약 카르텔과 초국적 범죄 억제, 전략 자산 보호 그리고 외부 세력, 특히 중국의 영향력 차단이다. 이 가운데 마지막 항목은 단순한 경쟁 인식이 아니라, 개입의 정당성 자체를 부정하는 태도에 가깝다.

특히 눈에 띄는 것은 '비반구 국가'라는 표현이다. 이 용어는 중국을 특정 국가로 직접 지칭하지 않으면서도, 서반구 질서에 대한 지리적·문명적 배제 논리를 암묵적으로 전제한다. 즉, 문제가 되는 것은 중국의 행동이 아니라 중국의 존재 그 자체다. 이 지점에서 미국의 중남미 정책은 더 이상 외교정책이라기보다 영토적 관리 전략에 가까워진다.

2025년 국가안보전략에서 가장 중요한 개념은 이른바 '트럼프 부칙'이다. 이는 19세기 먼로 독트린을 현대적으로 재해석한 개념으로, "서반구에 대한 외부 세력의 군사·경제·기술적 진입을 용인하지 않겠다"는 선언에 가깝다. 미국은 항만, 통신인프라, 에너지 시설, 광물 개발, 심지어 디지털 네트워크까지 '전략 자산'으로 규정하고, 이 영역에서 중국 기업의 참여를 잠재적 안보 위협으로 간주한다. 이는 중국의 접근 방식과 극명하게 대비된다. 중국은 항만과 철도를 '연결성'과 '발전'의 언어로 설명하지만, 미국은 동일한 대상을 '통제'와 '차단'의 언어로 설명한다. 이 차이는 단순한 외교 수사의 문제가 아니라, 정책 수단과 지역 국가에 대한 태도를 결정짓는 구조적 차이다. 미국의 국가안보전략 문건에는 "우리는 미국의 원칙과 전략에 대체로 부합하는 정부·정당·사회운동을 지원하고 장려할 것이다" "미국의 전 세계 군사 배치를 재조정하여, 서반구에서 발생하는 긴급 위협에 대응하도록 해야 한다"라는 내용이 있다. 선거 개입과 군사적 위협도 서슴지 않겠다는 얘기다.

경제 영역만 보더라도 양국의 차이는 뚜렷하다. 중국은 중남미를 성장하는 시장이자 공동 발전의 파트너로 묘사한다. 반면 미국은 이 지역을 불안정 요인의 발원지로 바라보는 경향이 강하다. 대규모 이주, 마약 유통, 범죄 네트워크가 미국 경제와 사회에 미치는 영향을 강조하며, 경제협력 역시 이러한 문제를 '관리'하는 수단으로 활용한다.

중국의 경제 전략은 비교적 단순하다. 인프라를 제공하고, 금융을 공급하며, 시장 접근을 확대한다. 그 대가로 중국은 자원 접근권, 시장 점유율, 외교적 지지를 확보한다. 이 과정에서 중국은 정치체제 개혁이나 제도적 조건을 전면에 내세우지 않는다. 반면 미국의 경제 접근은 조건부다. 미국이 내세우는 세계관과 가치관을 받아들이는 것이 협력의 전제 조건으로 등장한다. 한마디로 좌파나 사회주의는 안 된다는 것이다. 이는 중남미 국가들 입장에서는 정책 자율성을 제한하는 요소로 인식된다.

이 차이는 단기적으로 중국의 접근이 더 '편리한 선택지'로 보이게 만든다. 미국은 이를 '중국의 숨은 비용'을 강조함으로써 상쇄하려 하지만, 그 비용은 종종 미래의 위험으로만 제시된다. 반면 중국의 제안은 현재의 문제 해결과 직접적으로 연결된다.

안보 개념에서도 양국은 서로 다른 언어를 사용한다. 미국의 안보는 여전히 군사력, 동맹, 억제를 중심으로 구성된다. 중남미에서의 미군 재배치, 해군·해안경비대 활동 강화, 정보 공유 확대는 이러한 접근의 연장선이다. 중국 역시 안보협력을 언급하지만, 그 강조점은 다르다. 중국 문건에서 안보는 발전과 불가분의 관계에 놓인다. 빈곤, 불균형, 인프라 부족이 불안정의 원인이라는 인식 아래, 안보를 군사 문제로만 환원하지 않는다. 이는 중국이 제시하는 '글로벌 안보 구상Global Security Initiative, GSI'의 핵심 논리이기도 하다. 물론 중국도 군사 교류와 방산 협력을 확대하고 있다. 그러나 이를 전면에 내세우기보다는, 정치·경제·사회적 안정의 부산물로 설명한다. 이는 미국식 안보 담론과 근본적으로 다른 세계관이다.

이 경쟁 판도의 가장 중요한 행위자는 사실 미국도 중국도 아니다. 중남미 국가들 자신이다. 이들 국가는 미·중 경쟁을 단순한 양자 선택의 문제로 받아들이지 않는다. 대신, 경쟁을 협상력 증대의 기회로 활용한다. 브라질, 멕시코, 칠레 같은 국가는 미국과의 관계를 유지하면서도 중국과의 경제협력을 확대하는 전형적인 '다중 정렬' 전략을 취한다. 일부 국가는 중국의 금융과 인프라를 활용해 미국과의 협상에서 유리한 위치를 확보하려 하고, 또 다른 국가는 미국의 안보 우산을 유지한 채 중국 시장에 접근한다. 중요한 점은, 이 지역 국가들이 더 이상 수동적 대상이 아니라는 사실이다. 그들은 경쟁을 관리하고, 때로는 조율하며, 때로는 이용한다. 이 점에서 미국의 '배타적 안보 공간' 인식은 현실과 시나브로 괴리를 보인다.

중국과 미국의 중남미 정책은 단순히 영향력의 크기를 다투는 경쟁이 아니다. 그것은 어떤 세계질서를 상정하는가에 대한 경쟁이다. 중국은 다극화된 세계에서 중남미를 질서의 공동 설계자로 대우하려 한다. 미국은 여전히 중남미를 자국 질서의 안전장치로 간주한다. 이 차이는 정책의 성공 여부와 무관하게, 중남미 국가들의 인식에 깊은 흔적을 남기고 있다.

중남미는 이제 더 이상 한 나라의 '뒤뜰'이 아니다. 동시에, 완전히 새로운 질서의 중심도 아니다. 그것은 두 질서가 교차하는 공간 그리고 그 교차를 스스로 조정하려는 지역이다. 이 점에서 미·중 경쟁의 승패는 단기간에 결정되지 않는다. 오히려 이 경쟁은 중남미가 어떤 방식으로 세계정치의 주체로 자리 잡을 것인가를 시험하는 장기적 과정에 가까울 것이다.

중국의 중남미 정책은 '확장'의 언어로 말하고, 미국의 정책은 '통제'의 언어로 말한다. 물론 어느 쪽이 더 도덕적이거나 더 우월하다고 단정하거나 편드는 건 유치한 일일지도 모른다. 그러나 분명한 것은, 중남미는 더 이상 선택받는 대상이 아니라 선택하는 주체라는 사실이다. 그리고 이 변화야말로, 21세기 국제질서가 이미 과거와 다른 국면에 접어들었음을 보여주는 가장 분명한 징후일 것이다.

제9장

역사의 진자

세 가지 결의가 부딪히는 운명의 시간

9

혼돈 속에 감춰진
역사의 중심축

인류의 역사는 결코 한 방향으로만 뻗은 직선이 아니다. 오히려 그것은 거대한 진자의 운동에 가깝다. 진보는 멈춘 듯하고, 이성은 광기에 자리를 내어주며, 정치는 좌와 우라는 양극단을 오가며 끊임없이 요동친다. 때로는 진자가 한쪽 끝으로 너무나 강하게 쏠린 나머지, 우리가 공들여 쌓아온 가치들이 단번에 무너져 내리는 듯한 착각에 빠지기도 한다.

하지만 수백 년의 긴 호흡으로 그 궤적을 들여다보면 전혀 다른 진실이 드러난다. 진자는 좌우로 흔들리며 제자리를 맴도는 것 같지만, 그 진자를 매단 거대한 중심축 자체는 '인권의 확장'과 '이성의 성장'이라는 방향을 향해 단 한 번의 멈춤 없이 전진해왔다.

18세기의 민주주의와 21세기의 민주주의가 다르고, 과거의 인권과 지금의 인권이 다르듯이, 역사는 흔들림 속에서도 조금씩 나아가고 있다. 그렇기에 지금 우리가 목격하는 후퇴와 혼돈은 역사가 길을 잃은 증거가 아니라, 다음 전진을 위해 가장 강력한 위치 에너지를 비축하는 장엄한 과정인 셈이다.

이 거대한 진동의 한복판에서, 우리는 각자의 '확고한 결의'를 불태우는 주체들의 면면을 마주한다. 그들은 저마다의 방식으로 진자를 밀고 당기며, 자신이 믿는 방향으로 역사의 축을 이동시키려 고군분투하고 있다.

트럼프의 확고한 결의

도널드 트럼프가 견지하는 '확고한 결의'의 실체는 명확하다. 그것은 흐트러진 미국의 영향력을 물리적으로 재정의하고, 서반구라는 미국의 전략적 후방을 누구도 침범할 수 없는 배타적 안보 공간으로 되돌려놓겠다는 질서 수복의 의지다. 그에게 국제정치의 규범이나 외교적 수사보다 중요한 것은 '미국 중심의 물리적 질서'다. 마두로를 납치하여 뉴욕의 법정에 세운 것은, 미국의 주권과 이익에 반하는 행위에는 반드시 그에 상응하는 물리적 대가가 따른다는 것을 전 세계에 선언한 실력 행사였다.

그러나 트럼프의 이 '확고한 결의'는 오늘날 거대한 현실의 장벽에 가로막혀 있다. 국내적으로는 미등록 이민자에 대한 대규모 추방 작전과 강력한 국경 봉쇄가 전례 없는 사회적 갈등을 낳고 있다. 집행 과정에서 발생한 인권침해 논란과 가족해체 비극은 미국인들 사이에서도 급격한 여론 악화를 불러왔으며, 이는 지지율 하락으로 이어지고 있다. 경제적으로도 중국은 물론 동맹국들까지 겨냥한 보편적 기본 관세 정책은 수입물가 폭등을 초래했다. 인플레이션에 신음하는 중산층의 분노는 '미국을 다시 위대하게' 만들겠다는 그의 구호가 오히려 국민의 삶을 옥죄고 있다는 역설을 폭로하고 있다.

해외에서의 반발 또한 거세다. 미국의 일방적인 고율 관세와 자국우선주의는 세계경제의 불확실성을 극대화했고, 이는 전통적 우방국들조차 미국으로부터 고개를 돌리게 만들었다. 마두로 납치와 같은 초법적 조치는 '미국식 정의'에 대한 신뢰를 무너뜨렸으며, 국제사회에서 미국을 향한 여론은 최근 몇 년 사이 최악의 수준으로 치닫고 있다. 각 나라의 민중들은 이제 미국을 질서의 수호자가 아니라, 자신의 이익을 위해 언제든 타국의 주권을 침해할 수 있는 '불안정한 패권자'로 인식하기 시작했다.

트럼프가 마주한 이런 난관은 단순히 특정 정책의 미숙함이나 일시적인 반발에서 기인한 것이 아니다. 이를 설명하기 위해서는 앞서 언급한 '진자의 법칙'을 소환해야 한다. 정치라는 진자는 대체로 '모두가 합의한 규칙(다자주의)'과 '강자가 주도하는 힘(일방주의)' 사이를 오가며 요동쳐왔다. 지난 수십 년간 인류는 국제기구와 조약을 통해 갈등을 조정하는 다자적 질서를 구축해

왔고, 트럼프는 바로 그 진자를 반대편으로, 즉 '미국의 이익이 곧 규칙이 되는 시대'로 강렬하게 잡아당기고 있는 것이다.

하지만 트럼프가 마주한 거센 마찰음은 그 진자를 매단 거대한 중심축 자체가 이미 '다극화된 세계'와 '보편적 인권'이라는 방향으로 이동하고 있음을 보여준다. 트럼프는 진자를 억지로 미국이 홀로 모든 규칙을 결정하던 20세기의 좌표로 붙잡아두려 하지만, 역사의 축은 이미 좌표를 한참 벗어나 있다. 주권에 대한 자각과 이성의 성장은 지난 수백 년간 전진과 후퇴를 거듭하는 가운데 특정 국가의 일방적인 지배를 당연하게 용인하던 시대의 울타리를 어느덧 넘어섰다.

결국 트럼프가 직면한 지지율 하락과 전 세계적인 민심 이반은 개인의 정치적 위기를 넘어, 전진하는 역사의 중심축과 그를 거스르려는 과거의 패권적 의지 사이에서 발생하는 필연적인 마찰음인 셈이다. 진자를 강제로 당길수록 그 마찰은 비명이 되어 돌아오고, 역설적으로 진자가 다시 반대편으로 되돌아갈 때의 운동 에너지는 더욱 거대하게 축적되고 있다.

마두로의 확고한 결의

니콜라스 마두로가 견지하는 '확고한 결의'의 실체는 명확하다. 그것은 시몬 볼리바르로부터 시작되어 우고 차베스로 이어진 라틴아메리카 해방의 서사를 중단 없이 이어가겠다는 사상적 결기다. 그에게 국제정치란 단순히 국가 간의 힘겨루기가 아니라, 제국주의의 간섭으로부터 대륙의 자결권을 수호하고 '21세기 사회주의'라는 새로운 인간 해방의 길을 증명해내는 성전聖戰이다. 그가 뉴욕의 구치소라는 물리적 압박 속에서도 굴복하지 않는 이유는, 자신이 한 개인 '니콜라스'가 아니라 서반구의 주권을 상징하는 차베스의 후계자이자 해방의 도구라는 확신이 있기 때문이다.

그러나 마두로의 이 '확고한 결의'는 오늘날 가혹한 현실의 시련에 직면해 있다. 국내적으로는 그의 부재 속에 임시 대통령직을 맡은 델시 로드리게스가 미국의 요구에 부응해 석유산업의 민간투자를 대폭 확대하는 법안을 추진하며, 혁명의 성역이었던 국유화 원칙을 생존을 위해 조정하고 있다. 특히 트럼프 대통령은 자신의 SNS에 본인을 '베네수엘라 임시 대통령'이라 기재한 합성 프로필을 올리며, 베네수엘라를 사실상 미국의 직할 통치령처럼 취급하는 오만함을 드러냈다. '우리가 안전하고 적절한 정권 이양이 이뤄질 때까지 이 나라를 운영할 것'이라는 그의 선언은, 워싱턴의 입맛에 맞는 인물을 권좌에 앉혀 베네수엘라의 질서를 재편하겠다는 패권의 의지를 가감 없이 보여준다. 이러한 초법적 발언과 행태는 주권국가의 자존심에 깊은 상처를 내고 있다.

해외에서의 상황 또한 악화되고 있다. 현재 중남미 대륙은 아르헨티나와 칠레 등에서 강경 우파 정부가 들어서는 등 '블루타이드 blue tide'가 한창이다. 트럼프의 마두로 납치 작전이 성공하자, 이들 우파 리더들은 마두로의 체포를 환호하며 지지했다. 한때 차베스와 함께 대륙의 해방을 외쳤던 좌파 정권들은 급격히 위축되어 살아남기에 급급한 실정이다. 진자는 지금 분명하게 라틴아메리카의 자결과 혁명의 이상이 외면받는 가장 가파른 후퇴의 시간을 지나고 있다.

역사는 진자운동을 반복하지만, 그 진자를 매단 중심축은 꾸준히 전진한다. 따라서 진자가 가장 가파른 후퇴기에 도달하더라도, 그 지점은 과거의 최극단보다 앞선 좌표에 위치하게 된다.

트럼프가 마두로를 납치했음에도 베네수엘라 정부가 붕괴하지 않는 이유가 바로 여기에 있다. 지난 20여 년간 베네수엘라 민중은 질적으로 성장했다. 바리오의 빈민들은 더 이상 시혜를 기다리는 피지배층이 아니라, 혁명을 통해 존엄과 주권을 경험한 '조직된 주체'들이다. 이들에게 마두로 정부를 지키는 것은 곧 자신들의 삶과 존엄을 사수하는 문제다. 워싱턴이 낙점한 인물이 권좌를 넘볼 때, 이들은 내전을 불사하고 목숨을 걸어 이 정부를 지킬 준비가 되어 있다.

트럼프가 당긴 진자는 오른쪽 끝에 닿아 있으나, 그 바닥에는 '성장한 민중'이라는 거대한 암반이 버티고 있다. 진자가 과거의 암흑으로 추락하지 않도록 지탱하는 힘은 감옥에 갇힌 지도자가 아니라, 거리에서 눈을 뜨고 있는 수많은 주권자에게서 나온다. 목숨을 건 민중의 결의는 진자가 다시 해방의 방향으로 솟구치게 할 강력한 에너지가 될 것이다.

시진핑의 확고한 결의

시진핑의 '확고한 결의'는 트럼프나 마두로처럼 진자의 일시적 궤적 안에서 직접 힘을 겨루는 차원과는 다르다. 트럼프가 '지금 당장'의 질서 수복을 위해 진자를 잡아당기고 마두로가 '오늘'의 주권을 위해 버티고 있다면, 시진핑의 중국은 수십 년, 백 년을 내다보는 긴 시간적 호흡으로 역사가 흐르는 방향을 조망한다. 그는 역사가 좌우로 요동치는 것처럼 보여도 결국은 다극화와 주권 존중이라는 하나의 방향으로 흐른다는 '역사의 필연성'을 신봉하며, 그 도도한 흐름에 국운을 일치시키려 한다.

시진핑은 2021년 보아오 포럼 기조연설에서 "중국은 어느 수준까지 발전하더라도 영원히 패권을 추구하지 않고, 확장하지 않으며, 세력 범위를 도모하지 않을 것이다无论发展到什么程度, 中国永远

不称霸、不扩张、不谋求势力范围"라고 전 세계에 공언했다. 미국이 무력으로 진자를 당기며 단기적 우위에 집착할 때, 중국은 브릭스BRICS+의 확장과 탈달러화라는 거대한 흐름을 가속화하며 세계경제의 지형 자체를 다극화의 무대로 옮겨놓고 있다. 일대일로를 통해 구축된 철도와 항만은 새로운 물류와 금융의 동맥이 되어 '다자주의'라는 역사의 필연적 궤적에 올라탈 레일로 기능한다.

그동안 봐왔듯 역사의 진자운동 특정 국가의 영원한 승리나 독점을 허락하지 않는다. 시진핑과 중국이 그토록 패권을 지양하겠다고 천명했음에도 불구하고, 만약 그들이 얻은 힘을 일극 패권으로 변질시킨다면 역사는 가차 없는 회귀의 법칙을 작동시킬 것이다. 타국에 대한 억압이나 배타적 이기주의가 임계점에 도달하는 순간, 언제나 그랬듯 진자는 다시 거대한 반동을 준비하기 마련이다. 역사는 그렇게 도도하게 흘러왔다.

누가 세계의 규칙을 바꾸는가
확고한 결의에서 시작된 힘의 시대

© 임승수, 2026

초판 1쇄 인쇄일 2026년 3월 30일
초판 1쇄 발행일 2026년 4월 10일

지은이   임승수
펴낸이   정은영
편집   김지수 정사라 유지서
디자인   이선희 서은영
마케팅   이언영 임동렬 임병천 박채윤
저작권   신은혜 김현영
제작   홍동근

펴낸곳   (주)자음과모음
출판등록   2001년 11월 28일 제2001-000259호
주소   10881 경기도 파주시 회동길 325-20
전화   편집부 (02)324-2347 경영지원부 (02)325-6047
팩스   편집부 (02)324-2348 경영지원부 (02)2648-1311
이메일   편집부 munhak@jamobook.com 저작권 ip@jamobook.com

ISBN   978-89-544-7353-8 (03300)